La pratique du SMED

Éditions d'Organisation
Groupe Eyrolles
61, bd Saint-Germain
75240 Paris Cedex 05

www.editions-organisation.com
www.editions-eyrolles.com

Dans la même collection :

Pascal Pouderoux, *Le carnet de bord du manager de proximité*

Olivier Demussat, *Travailler avec les Japonais*

Jean-Louis Giordano, *L'approche qualité perçue*

ISBN : 978-2-212-54017-8

Thierry LECONTE

La pratique du SMED

Obtenir des gains importants avec le changement d'outillage rapide

RENAULT Consulting

EYROLLES
Éditions d'Organisation

Sommaire

Table des figures

Préface

De nombreuses entreprises cherchent à gagner en productivité et efficacité en améliorant leur système de production. Elles disposent pour cela d'une panoplie d'outils traitant aussi bien de l'organisation, de l'animation des hommes que de l'amélioration des processus techniques.

Ces méthodes visent l'amélioration de l'organisation tant dans ses aspects collectifs, avec les unités autonomes, que dans ses aspects individuels, avec l'optimisation du poste de travail, et par là même, améliorent de façon permanente le triptyque Qualité, Coûts, Délais.

Sont mis en œuvre des démarches et outils tels que Poka-Yoke, Maintenance Productive, Kanban…

Parmi ces approches, le SMED, par sa mise en œuvre rapide, permet des résultats surprenants :

- Les changements de séries fréquents autorisent une réduction drastique des stocks;
- L'augmentation du rendement des machines est obtenue par la réduction des temps de reconfiguration des moyens de production.

Depuis plus de 15 ans, Renault Consulting est reconnu pour ses méthodes participatives et pragmatiques dont la composante humaine est omniprésente.

Cet ouvrage, à travers ses nombreux exemples pratiques, ses nombreuses illustrations, a pour objectif de vous faire plonger dans notre univers et de vous faire découvrir (ou redécouvrir) « l'esprit » Renault Consulting.

Michel GAMBIER
Président de Renault Consulting

Introduction

Les exemples de réussite de la méthode SMED les plus fréquemment cités font état de gains de temps impressionnants, à l'enseigne des changements de moules demandant auparavant plusieurs heures et réalisés soudainement en quelques minutes. Les ateliers de presse sont souvent cités, et les solutions techniques devenues emblématiques de la méthode SMED sont, entre autres, les attaches rapides.

Même impressionné par ces résultats, on reste souvent dubitatif quant à la pertinence de la méthode s'il faut l'appliquer à une autre technologie, qui ne met pas en œuvre les solutions décrites.

Si l'on connaît les réalités techniques de son activité, on peut difficilement croire à la méthode miracle, qui s'affranchirait de toute contrainte, ou qui mettrait en œuvre des solutions technologiques complètement nouvelles.

De surcroît, vouloir réduire de façon drastique les temps de réglage peut paraître illusoire : pourquoi se précipiter, prendre le risque de réaliser un mauvais réglage, jouer avec la sécurité, et finalement recommencer le réglage car la qualité est mauvaise?

Pourtant, l'application de la méthode SMED permet de diviser par deux, voire trois, le temps de changement de série dans tous les secteurs d'activité, sur tous types de machines. Si une action d'amélioration a déjà été menée, un gain supplémentaire de 30 % est encore possible.

Dans la majeure partie des cas, ces gains peuvent être obtenus en quelques jours (deux à quatre), sans investissement majeur, à l'issue d'un chantier d'amélioration : le dernier jour, un essai en grandeur nature permet de valider les solutions proposées.

Pour obtenir ces résultats, il est nécessaire de chercher aussi des solutions hors du périmètre technique et de porter un regard neuf sur l'organisation et l'animation des équipes.

Dans cet ouvrage, je me suis attaché à rassembler, au-delà des exemples issus de mon expérience, les bonnes pratiques, au plan de la technique comme au plan de l'animation des hommes, garantes d'une mise en pratique fructueuse et pérenne de la méthode SMED.

I

Les enjeux de SMED

Ce n'est pas possible !

Telle est la première réaction constatée à l'évocation des résultats obtenus avec la méthode SMED (*Single Minute Exchange of Die*). Cependant, passée cette première réaction, les différents acteurs, en appliquant de façon rigoureuse cette méthode fondée sur le bon sens, constatent que les résultats obtenus dépassent largement leurs prévisions.

Les résultats obtenus avec la méthode SMED

La mise en place de la méthode SMED permet, sans investissement majeur, de diviser par deux, voire trois, les durées de changement de série, et cela dans tous les secteurs d'activité.

Dans le cas où une amélioration a déjà été menée sur l'équipement, il n'est pas rare d'améliorer encore de 30 % la performance de temps de changement d'outillage.

Les secteurs d'activité concernés

La méthode SMED, développée à l'origine sur les presses à emboutir, est applicable à tous les secteurs d'activité, à toutes les machines et à toutes les technologies :

- En métallurgie, SMED s'applique sur des installations aussi diverses que les laminoirs, les machines d'usinage, les installations mettant en œuvre la déformation des métaux (cambrage, frappe à froid...), l'assemblage par sertissage ou soudage...
- En plasturgie, la méthode est utilisée, entre autres, en injection, en extrusion, en thermoformage, sur les installations de complexage...
- En techniques d'impression, les machines d'imprimerie offset, de sérigraphie, les vernisseuses... font l'objet d'améliorations SMED.
- Citons également les installations de montage automatique ou les installations de *process* en continu...
- Les fabrications mécaniques ne détiennent pas l'exclusivité de l'utilisation de la méthode : SMED est utile aussi bien pour améliorer une ligne de conditionnement de l'agroalimentaire que pour préparer la séquence de travail d'une machine automatique de tri postal.

Et cette liste n'est pas exhaustive!

L'application de la méthode SMED lors des opérations très longues

Dans certaines activités, le temps de changement d'outillage peut recouvrir les horaires de plusieurs équipes. Le nom de la méthode, comme nous allons le voir plus loin, préconise un changement en moins de 10 minutes. Cet objectif peut sembler décalé et être un frein : *« Cette méthode n'est pas adaptée à notre activité. »*

Mais un objectif cohérent avec les ordres de grandeur de l'activité, et même libellé en heures, peut être ambitieux! SMED s'applique et permet des gains importants : le temps d'arrêt, là aussi, peut à coup sûr être divisé par deux ou trois, voire plus.

Les enjeux de la méthode SMED

L'entreprise qui cherche à réduire ses temps de changement de série poursuit un double objectif :

1. réduire ses stocks en fabriquant des séries plus courtes et en procédant plus souvent à des changements de séries;
2. augmenter le rendement de ses installations en diminuant le temps d'arrêt des machines.

La réduction des stocks

Les stocks importants engendrent dans l'atelier des coûts supplémentaires de manutention et de magasinage, ainsi que des risques qualité liés à la dégradation ou à l'obsolescence des produits.

Mais les temps de changements longs immobilisent les moyens de production et ont une incidence lourde sur le coût unitaire des fabrications. La tendance est donc de faire des séries économiques les plus longues possibles, de façon à minimiser les coûts dus aux réglages.

À l'inverse, s'il est possible de changer rapidement de fabrication, on peut ajuster la longueur des séries à ce que demandent les clients sans engendrer des surcoûts de fabrication. Il en résulte une forte réduction des stocks qui contribue à réduire les délais de livraison car les produits n'attendent plus sous forme d'en-cours.

Citons deux exemples de démarches SMED mises en œuvre pour réduire les stocks.

DES FLUX À OPTIMISER

Un fabricant de luminaires organise son atelier de montage en Juste À Temps (JAT) afin d'en rationaliser les activités et répondre ainsi plus rapidement à la demande de ses clients.

Les luminaires comportent une vasque fabriquée sur une presse à emboutir. Les temps de changement de série de la presse sont de 1 heure et 20 minutes. Une étude SMED réduit le temps de changement de série à 20 minutes. Il est alors possible de lancer des séries plus petites sans augmenter le poids économique des temps de montage et de démontage.

UNE RÉDUCTION DRASTIQUE DES STOCKS

Dans cette fabrique de composants de freinage, on lance des séries à la semaine. Le temps de changement de série est de 5 heures.

La mise en pratique du SMED met en évidence plusieurs problèmes :

- L'opération de changement d'outillage étant admise par tous comme longue, l'outilleur chargé de cette opération est dérangé sans cesse pour intervenir sur des pannes urgentes.
- Il intervient aussi pour assurer périodiquement l'évacuation des copeaux de l'atelier.
- L'opération de réglage est, en outre, mise à profit pour réaliser la maintenance de la machine.

Une première réduction du temps de changement a été obtenue par « l'effet caméra » : l'organisation sur le terrain de l'enregistrement vidéo a eu pour conséquence de ramener immédiatement la durée de l'opération à 3 heures.

Limitée à 15 minutes à l'issue de l'étude complète, l'opération de changement de série n'a plus été un obstacle à une importante réduction de la taille des séries.

Enfin, nous pouvons citer ce dernier exemple lié à l'objectif de réduction de la taille de séries.

LA TRAQUE À LA SECONDE

Cette société de l'industrie sidérurgique fabrique des profilés laminés à chaud. Elle voit la taille de ses commandes diminuer. Elle est confrontée à un problème de rentabilité : la durée des changements de série devient trop importante par rapport à la durée de production et grève le coût de revient à la tonne produite.

La société généralise alors la méthode SMED à ses fabrications afin de réduire ses coûts. L'unité de mesure du temps utilisée est la seconde, pour traquer la moindre perte.

Détail technique : le changement des cages de laminoir se pratique au pont roulant et mobilise 5 à 10 personnes.

L'augmentation du temps de fonctionnement des machines

Les pertes de temps des machines sont principalement constituées :

- des temps d'arrêts fonctionnels (changements de série, réglages, maintenance préventive...) ;
- des arrêts pour pannes ;
- des micro-arrêts (les bourrages, par exemple) ;
- des ralentissements ;
- du temps passé à fabriquer de mauvais produits.

Réduire les temps d'arrêt pour changement de série permet d'augmenter le rendement des machines, donc la capacité réelle de production.

DES FLUX TROP BIEN OPTIMISÉS ?

Cette entreprise fabrique des boîtes de vitesses pour poids lourds. Une politique de réduction de ses cycles de fabrication et de ses stocks l'a conduite, dans son atelier de mécanique, à mettre en ligne de produit l'usinage des arbres, pour éliminer au maximum les transports et les temps d'attente des produits. La cellule de production a été organisée en U.

Cependant, la mise en ligne d'une machine coûteuse a entraîné une augmentation de ses temps de non-utilisation : en effet, toute machine arrêtée dans la ligne arrête l'ensemble des machines de la ligne.

Quelle attitude adopter :

- investir dans une autre machine ?
- remettre en cause l'organisation de la production et l'implantation de la ligne en U ?
- envisager des stocks intermédiaires ?

L'analyse précise des temps d'arrêt a mis en évidence qu'ils étaient en grande partie dus aux changements d'outillage des différentes machines de la ligne.

La mise en place d'un chantier SMED, en divisant par trois le temps de changement de série, a permis de gagner 8 points de rendement opérationnel sur l'ensemble de la ligne. Il a été ainsi possible de réduire le goulot d'étranglement sans investir.

La sécurité des personnes et l'ergonomie

Des résultats intéressants sont obtenus dans le domaine de la sécurité et de l'ergonomie, car en cherchant à réduire les pertes de temps, on découvre des causes potentielles d'accident que l'on s'attache à traiter : outillages inadaptés, postures dangereuses ou inconfortables, protections insuffisantes, matériel défaillant…

En particulier, la manutention des outillages est prise en compte, l'accessibilité aux organes de la machine travaillée, l'exécution des tâches améliorée et la pénibilité réduite.

Figure 1. Une posture inconfortable éliminée avec la méthode SMED

La qualité des produits

Toujours dans le but de réduire les temps de réglages, on va rechercher des réglages robustes et répétitifs, autorisant du premier coup, sans contrôle inutile de la qualité des produits, l'obtention d'un bon produit.

Utilisation de gabarits, détermination précise de critères de réglages, de valeurs fixes, unification des pratiques, formation des intéressés, entraînement à la dextérité, sont autant de solutions qui contribueront à fiabiliser les réglages.

Il en découle une réduction des pertes au démarrage et des déchets en cours de fabrication.

Les produits étant fabriqués de bonne qualité du premier coup, le volume des contrôles est réduit, ainsi que le risque de livrer de mauvais produits au client ou au stade du processus de fabrication suivant.

La formation du personnel

Il est constaté dans de nombreux cas qu'une durée excessive de réglage est due au manque de formation ou à l'entraînement insuffisant du personnel. Ce point apparaît rapidement dans les actions à mener de façon prioritaire.

Les différents vocables utilisés pour exprimer le changement de série

On trouve différents vocables utilisés pour désigner un changement de série, issus de différentes professions :

- changement de série, de rafale, de format, de convoi, de campagne, de fabrication, de production, de rubrique, de version, de taille…
- reconversion, reconfiguration…

La liste reste ouverte, mais le SMED s'applique toujours…

2

Les étapes de la méthode SMED

L'exemple du changement de roues en formule 1

L'opération de changement de roues sur une formule 1, lors de son arrêt au stand, est un exemple d'application de la méthode SMED que chacun connaît.

Passons quelques secondes sur cet exemple : que constatons-nous ?

- Maîtriser le temps d'arrêt au stand est stratégique pour gagner la compétition.
- Tous les éléments ont été préparés et mis en position avant l'arrivée de la voiture.
- Le mode de fixation des roues a été optimisé avec une seule vis centrale.
- Les opérations sont effectuées simultanément et de façon coordonnée.
- Chaque acteur est parfaitement entraîné à la tâche qu'il doit accomplir.

Quelques définitions

SMED est l'abréviation de l'anglais *Single Minute Exchange of Die*, qui signifie changement de matrice en moins de 10 minutes, soit en un nombre de minutes à un seul chiffre.

SMED est souvent traduit par «changement rapide d'outillage». L'utilisation des initiales SMED peut donner en français :

Seulement 9 Minutes pour l' Échange D'outillage.

On peut également rencontrer la dénomination «changement d'outillage minute».

La norme AFNOR NF X 50-310 (concepts fondamentaux de la gestion de production) définit SMED comme une *«méthode d'organisation qui cherche à réduire de façon systématique le temps de changement de série, avec un objectif quantifié»*.

OTED, *One Touch Exchange of Die*, soit le changement de matrice en touchant une seule fois la machine, vise à faire l'opération en moins d'une minute. Dans ce type de changement d'outillage instantané, les configurations correspondant aux différentes séries coexistent sur la machine, et on effectue le changement en effectuant un seul geste. On parlera de «changement presse-bouton» s'il s'agit de presser un simple bouton électrique.

NOTED, *No Touch Exchange of Die*, ou changement sans intervention de l'opérateur, correspond à un changement programmé en automatique.

Un historique de la méthode

La méthode SMED a été développée au Japon par Shigeo Shingo, au cours de la période allant de 1950 à 1969.

Shingo indique les dates marquantes de la construction de la méthode dans son livre, *Le système SMED, une révolution en gestion de production :*

- En 1950, il analyse une presse pour Toyo Kogyo. Il constate alors que lors d'un changement d'outillage, il existe deux types d'opérations : les opérations internes et les opérations externes.
- En 1957, il travaille à améliorer l'efficacité d'une planeuse aux chantiers navals Mitsubishi à Hiroshima. En construisant une table sur laquelle il effectue au préalable les réglages, il énonce le principe de transformation des opérations internes en opérations externes.
- En 1969, il parvient à réduire à trois minutes le délai de montage d'une presse de 100 tonnes chez Toyota. Il conceptualise alors une analyse systématique pour réaliser le changement rapide d'outillage à laquelle il donnera le nom de SMED.

Les concepts attachés à la méthode SMED

Le temps de changement d'outillage

Le temps de changement d'outillage est le temps écoulé entre la dernière bonne pièce d'une série et la bonne première pièce de la série suivante (et j'ajouterais, à cadence nominale).

Cela signifie que la période de redémarrage de la machine, où les pièces ne sont pas encore conformes, et où la vitesse de la machine n'est pas encore à la valeur nominale, doit être incluse dans le temps de changement d'outillage et être étudiée afin d'être réduite.

De même, des réglages non robustes vont générer des dysfonctionnements (en particulier du point de vue de la qualité) pendant la période de redémarrage. Ces aléas sont, bien sûr, à traiter pendant l'étude SMED.

> L'objectif du changement rapide d'outillage est de réduire le temps de ce changement d'outillage à moins de dix minutes.

La notion d'opération interne et d'opération externe

Lors d'un changement d'outillage, on peut différencier deux types d'opérations :

- **Les opérations internes** sont impérativement effectuées machine arrêtée (monter et démonter les outillages, par exemple).
- **Les opérations externes** peuvent être effectuées pendant que la machine fonctionne (par exemple, sortir les outillages et les réintégrer au magasin).

Bon nombre des tâches que nous effectuons actuellement machine arrêtée peuvent, en réalité, être effectuées machine en marche.

Convertir les opérations internes en opérations externes
est le principe de base
du changement rapide d'outillage.

Le schéma suivant montre la succession des opérations lors d'un changement d'outillage.

Figure 2. Les opérations de changement d'outillage

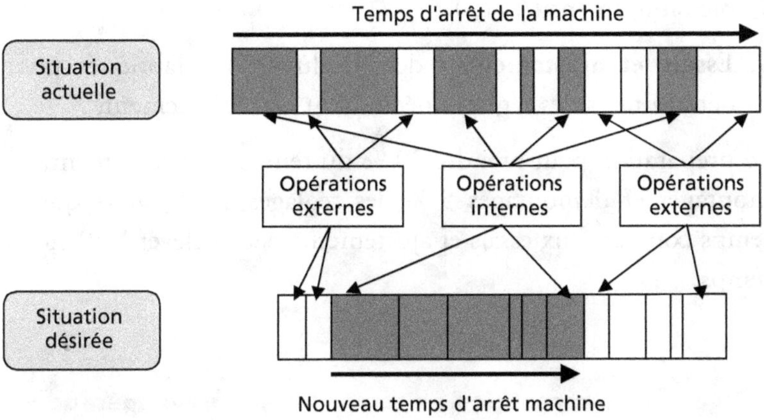

Les étapes du changement d'outillage

La nature des opérations de changement d'outillage

Un changement d'outillage comporte les étapes suivantes :

1. **Préparation et vérification de l'environnement, des machines, des outillages, et de la matière :** cette phase permet de

s'assurer de la présence et du bon fonctionnement de tous les éléments entrant dans le changement d'outillage.

2. **Montage et démontage** des pièces et des outillages : cette étape comprend le démontage des pièces et des outillages utilisés pour la série précédente et le montage des pièces et outillages pour la série suivante.

3. **Centrage, positionnement et réglage :** cette étape inclut toutes les opérations de centrage des outillages, de positionnement et de réglage des différents paramètres (température, pression, intensité, etc.).

4. **Essais et ajustements :** des produits sont fabriqués pour déterminer si les réglages nécessitent un réajustement.

La préparation peut prendre 30 % du temps de changement, les montages et démontages 5 %, les réglages 15 %, alors que le temps consacré aux essais et ajustements peut s'élever à 50 % du temps.

Figure 3. La répartition du temps par nature d'opération

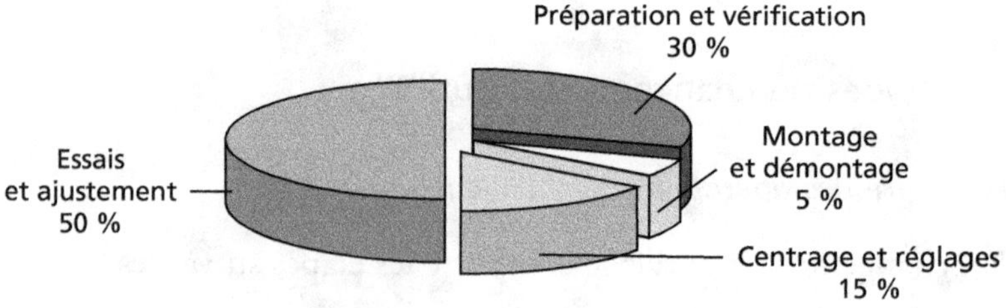

Les étapes méthodologiques du changement d'outillage

Shingo a défini pour la méthode SMED les stades suivants :

- **Stade préliminaire :** les opérations internes et les opérations externes ne sont pas distinguées.
- **Stade 1 :** séparation des réglages internes et externes.
- **Stade 2 :** conversion des opérations internes en opérations externes.
- **Stade 3 :** rationalisation de tous les aspects de l'opération de réglage.

Le stade 3 consiste à rationaliser aussi bien les opérations internes que les opérations externes. Ces deux activités peuvent faire l'objet de deux étapes séparées.

De façon pratique, la méthode peut être présentée de la façon suivante :

- **Phase 1. Identifier les opérations du changement d'outillage :** les opérations sont identifiées, observées et analysées.
- **Phase 2. Extraire les opérations externes :** les opérations externes sont séparées des opérations internes et extraites du temps de changement d'outillage.
- **Phase 3. Convertir les opérations internes en opérations externes :** le maximum d'opérations internes est transformé en temps d'opérations externes.
- **Phase 4. Rationaliser les opérations internes :** les opérations inutiles sont supprimées et les opérations internes restantes sont réduites et optimisées au maximum. La

réorganisation des opérations se fera par la mise en parallèle des opérations internes restantes.

- **Phase 5. Rationaliser les opérations externes :** la préparation du changement d'outillage est réorganisée et optimisée.

Les phases du SMED peuvent être illustrées par le tableau suivant :

Figure 4. Les phases méthodologiques du changement d'outillage

1 Identifier les opérations	2 Extraire les opérations externes	3 Convertir les opérations internes en opérations externes	4 Rationaliser les opérations internes	5 Rationaliser les opérations externes

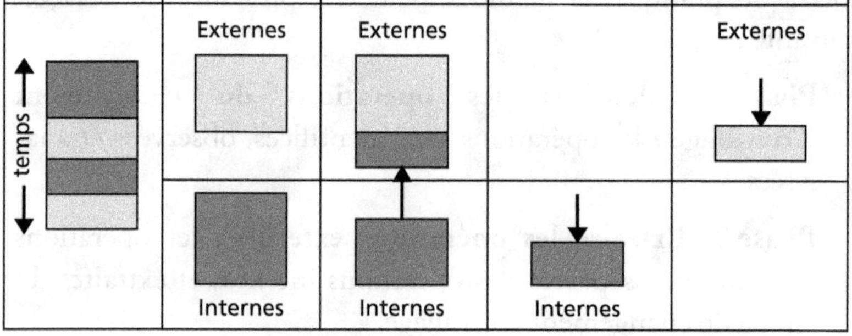

Les gains de temps réalisés au cours d'une étude SMED peuvent se répartir de la façon suivante, en fonction des différentes phases de la méthode :

Figure 5. Les gains réalisés en fonction des phases de la méthode SMED

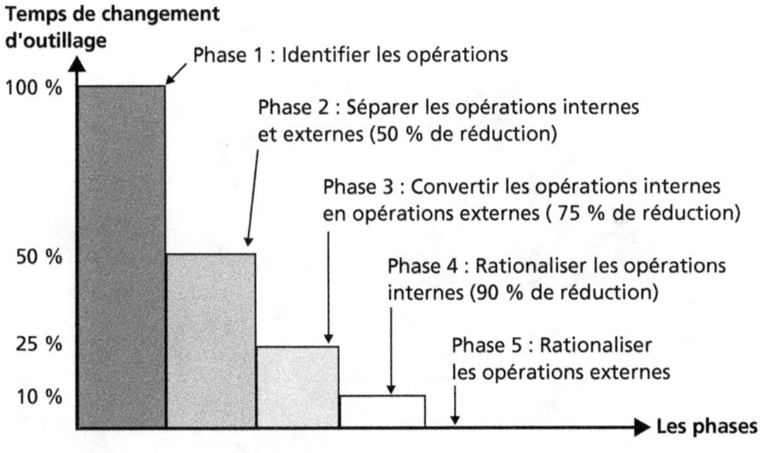

Dans les chapitres suivants, nous allons détailler la marche à suivre pour réaliser ces étapes. La méthode est très visuelle (utilisation de vidéos, de tableaux, etc.). Elle est également très vivante, car elle privilégie l'action et le travail de groupe. Enfin, elle débouche très vite sur des résultats concrets et évite une phase d'étude trop longue, qui entraîne la démotivation des équipes.

3

La préparation du chantier d'amélioration

L'engagement de la direction

Décrivons d'abord la situation idéale :

- Les contributions de SMED à la performance de l'entreprise sont incluses dans le plan de progrès. Le déploiement des objectifs et les plans d'actions ont conduit au choix du présent chantier SMED.
- Les acteurs choisis pour mener le chantier sont missionnés par leur direction et doivent effectuer des progrès significatifs en temps de changement d'outillage. L'atteinte des objectifs est obligatoire.
- L'équipe dirigeante s'engage à mettre en œuvre les solutions proposées. Les dépenses sont bien sûr engagées sur la base d'études de rentabilité, mais il n'est pas évident que les moyens financiers soient l'obstacle majeur à la réussite du projet.
- Il faut également assurer la disponibilité des différents acteurs. Un pilote est missionné pour animer et suivre l'élaboration des plans d'amélioration.

- La mise en place des solutions peut demander une modification de l'organisation et de l'affectation des tâches entre la production et les services supports. Il faut avoir anticipé cette nouvelle situation et être prêt à mettre en place les modifications d'organisation pour assurer le succès du programme et la pérennisation des résultats.
- Enfin, il s'agit de préparer les conditions matérielles du bon déroulement du chantier d'amélioration : cela commence, par exemple, et bien que cela puisse paraître anecdotique, par mettre à la disposition de l'équipe de travail le matériel vidéo.

La réalisation de la vidéo

Il s'agit d'observer la totalité du changement d'outillage, de façon à relever l'ensemble des problèmes rencontrés.

Le plus simple est de réaliser un enregistrement vidéo :

- Pour bien préparer cet enregistrement, il faut organiser une réunion avec tous les acteurs, afin de bien leur expliquer, en toute transparence, le but de l'opération, et prendre en compte leurs remarques. La crainte de la caméra ou les interrogations quant à l'utilisation ultérieure de l'enregistrement ne sont pas à négliger.
- Une visite sur le terrain permet également de déterminer les conditions pratiques de l'enregistrement (consignes de sécu-

rité à respecter, voies de passage à garder libres, emplacement et alimentation électrique du caméscope, éclairage…).

- Une première séquence décrira le poste et son environnement en fonctionnement normal. Ensuite, l'enregistrement sera réalisé de façon à mettre en évidence les opérations dans leur détail et à révéler l'ensemble des dysfonctionnements.
- La vidéo prendra en compte l'ensemble du temps de changement d'outillage, depuis la dernière bonne pièce de la série précédente jusqu'à la première bonne pièce de la série suivante.
- Il est important de relever de façon exhaustive l'ensemble des faits intéressants. Ils seront utilisés plus tard lors de sessions de travail, et les intéressés seront bien sûr associés à l'exploitation de la vidéo.

Les avantages présentés par l'utilisation de la vidéo

Enregistrer un changement d'outillage à l'aide de la vidéo permet de saisir l'ensemble des informations, puis de les analyser avec un groupe de travail. Tout un groupe de personnes peut observer le changement dans une salle de réunion, sans perturber l'atelier. Les informations étant enregistrées, elles sont disponibles en permanence.

Il est donc possible d'effectuer avec précision la décomposition en opérations élémentaires et d'examiner l'ensemble des problèmes, en revenant, si nécessaire, sur certaines séquences. Chacun comprend mieux la nature des opérations et des problèmes complexes, surtout quand il s'agit d'entrer dans le détail. Il est inutile de décrire longuement les mécanismes, de détailler les mouvements, et chacun est sûr d'observer les mêmes faits.

L'image étant objective, on coupe vite court à de nombreuses discussions : il suffit d'observer à nouveau la séquence contestée pour se mettre d'accord. La même information est disponible pour tous les participants. En groupe de travail, les opérateurs peuvent facilement expliquer leurs difficultés ou admettre plus aisément les propositions d'amélioration.

De plus, une vidéo entraîne moins de réactions de rejet qu'une étude de temps. Il faudra seulement éviter, lors de la lecture de la vidéo, les passages en accéléré et les remarques sur les personnes présentes à l'image, mal perçus par les intéressés.

Tenir compte de l'« effet caméra »

Le temps mesuré sur un enregistrement vidéo est souvent de 30 % inférieur au temps habituellement passé. Sachant qu'ils seront filmés, les opérateurs préparent mieux leur intervention. C'est l'« effet caméra ».

La présence de la caméra écarte les perturbations extérieures : les opérateurs ne sont pas dérangés pour intervenir en urgence sur une autre ligne : leurs collègues n'osent pas venir les déranger !

Le groupe de travail

Le groupe de travail choisi est pluridisciplinaire et comporte tous les acteurs susceptibles d'apporter des solutions au problème choisi :

- La production est représentée par le chef de l'unité de travail, les régleurs, les opérateurs. S'il existe plusieurs équipes postées effectuant le même réglage avec diverses manières de procéder, il est indispensable d'incorporer des représentants de toutes les équipes dans le groupe pour confronter les expériences; puis de statuer sur un mode opératoire unique. Il est primordial que les opérateurs ou les régleurs filmés dans leur travail participent également à ce groupe de travail.
- Pour les services supports, on peut faire appel aux agents d'ordonnancement et de la logistique, aux techniciens de maintenance, aux concepteurs des outillages, aux techniciens des méthodes, ainsi qu'aux techniciens Qualité.

Ce projet d'amélioration étant inclus dans le plan de progrès de l'unité de travail, il est préférable que le chef d'unité en soit le pilote.

La grille de changement rapide d'outillage

Afin de rendre le travail de groupe plus vivant et que chacun puisse bien visualiser toutes les observations et les propositions d'améliorations, il est possible d'écrire les éléments sur des Post-it. Au fur et à mesure de leur émission, ceux-ci sont collés sur une grille de changement rapide d'outillage, prévue à cet effet et affichée au mur.

Chaque colonne de la grille est consacrée à une opération, et les informations relatives à chaque phase occupent les lignes.

Figure 6. L'utilisation de la grille de changement

Exploitons maintenant notre enregistrement vidéo…

4

Identifier les opérations du changement d'outillage

La sécurité d'abord !

Avant de commencer la phase active d'amélioration, il convient de rappeler la priorité donnée à la sécurité : on s'attache, dans un premier temps, à relever et à traiter toutes les situations comportant des risques. Mais, ensuite, lors de la mise en place de solutions, la recherche de la vitesse d'exécution ne doit pas faire perdre de vue l'impératif de sécurité, de conditions de travail et d'ergonomie.

L'identification des opérations de changement d'outillage

À partir des informations recueillies (vidéo, relevés de temps complémentaires), il est possible de dresser la liste des différentes opérations élémentaires constituant le changement d'outillage. Cette décomposition se fait en groupe, avec l'opérateur qui a été filmé, afin que ce dernier commente ses gestes et fournisse des explications complémentaires.

Une feuille d'observation résume l'ensemble des opérations élémentaires observées, ainsi que les temps passés. Elle comporte :

- la liste des opérations élémentaires ;
- les temps cumulés ;
- les temps élémentaires.

Un histogramme des temps élémentaires par opération permet de compléter la visualisation.

Figure 7. Une feuille d'observation

N°	Opération	Temps cumulé minutes	Temps élémentaire minutes
1	Démontage tuyau flexible	1	1
2	Démontage tour de refroidissement	2	1
3	Démontage anneaux de refroidissement	7	5
4	Démontage joint et nettoyage	9	2
5	Démontage plateau	12	3
6	Démontage résistance	16	4
7	Démontage vis de réglage filière	19	3
8	Démontage filière 1er niveau	24	5
9	Démontage poinçon 1er niveau	141	117
10	Démontage filière 2e niveau	158	17
...	...	...	...

La vidéo est observée et analysée par le groupe de travail. Chacun note les faits et gestes générant des pertes de temps, les dysfonctionnements, les opérations difficiles à effectuer et les situations dangereuses.

Ce qui revient à chasser les 3D, à savoir tout ce qui est :
difficile,
défectueux,
dangereux.

Le groupe détermine alors de manière consensuelle l'objectif de temps de changement d'outillage. Les objectifs proposés spontanément sont généralement peu ambitieux, car les intéressés imaginent difficilement qu'il est possible de diviser par deux ou trois le temps d'une opération qu'ils effectuent fréquemment.

Les objectifs généraux ayant conduit au choix du chantier doivent donc être connus par tous afin que l'objectif retenu pour le chantier soit ambitieux et réaliste.

La situation de départ est formalisée sur la feuille de suivi de chantier affichée à la vue de tous. Elle précisera :

- la désignation du changement, avec la référence de la série précédente et la référence de la nouvelle série;
- le temps actuel et la fréquence du changement;
- le nombre d'opérateurs requis;
- les remarques relatives à la sécurité;
- les remarques relatives à la qualité;
- l'objectif d'amélioration.

L'analyse de la fonction réelle de chaque opération

La première question à se poser, avant de suggérer toute solution d'amélioration relative à une opération, est : *«Pourquoi cette opération est-elle effectuée?»* L'idée est tout simplement de supprimer l'opération avant de chercher à l'améliorer.

Le meilleur changement d'outillage est l'absence de changement d'outillage.

Pour qualifier parfaitement les conditions qui ont conduit à la décision d'effectuer chaque opération, le groupe utilisera la méthode du QQOQCP. Pour chaque opération, il se posera les questions suivantes :

- **Quoi?** Quel est le but de cette opération?
- **Qui?** Qui est l'acteur?
- **Où?** Où est effectuée l'opération? Quelles sont les distances?
- **Quand?** Quelle est la durée, la fréquence?
- **Comment?** Quelle est la méthode utilisée?
- **Pourquoi?** Toutes ces questions sont suivies cinq fois de la question «pourquoi».

La méthode des «5 pourquoi» permet de déterminer les causes racines des dysfonctionnements, de les traiter, et de supprimer ainsi la nécessité des opérations palliatives, incluses dans le changement d'outillage.

Certaines opérations de maintenance périodique sont parfois exécutées à l'occasion d'un changement d'outillage. Il faut se poser la question de savoir si cette habitude est pertinente.

5

Extraire les opérations externes

La nature des opérations internes et externes

Cette étape permet de terminer la phase d'observation, avant de passer à l'émission de solutions techniques. Chaque opération est examinée et classée suivant sa nature :

- **Si l'opération peut être effectuée pendant que la machine fonctionne** (à cadence nominale et dans des conditions normales de sécurité et de qualité), elle est classée dans les opérations externes.
- **Si l'opération nécessite l'arrêt de la machine**, elle est classée dans les opérations internes.

Dans une configuration technique donnée, une opération est intrinsèquement interne ou externe : sa nature ne dépend pas de l'instant où elle est effectuée, ni de l'ordre des opérations. Il suffit de se poser la question : *« Cette opération nécessite-t-elle l'arrêt de la machine? »* pour déterminer sa nature.

Nous classerons dans les opérations externes les opérations pouvant être effectuées pendant le fonctionnement de la machine sans modifications techniques. La préparation et l'acheminement de la matière, des consommables et des contenants au plus près de la machine, la disponibilité du personnel, des procédures, des outillages, du matériel roulant entrent dans cette catégorie. Nous ajouterons aussi tous les préréglages ou les prémontages pouvant être effectués sans modifications techniques. Ces opérations seront par la suite optimisées dans la phase 5 : « Rationaliser les opérations externes ».

Le total des temps internes et celui des temps externes sont alors relevés. À ce stade de l'amélioration, on est souvent surpris du gain de temps réalisé, sans aucune dépense ou modification technique, avec pour seule action menée la préparation correcte des outillages et des interventions.

On peut souvent gagner par cette simple séparation des opérations internes et externes jusqu'à 50 % du temps de changement d'outillage.

Le retour des outillages en magasin

Aller rapporter l'outillage en magasin est manifestement une opération externe. Mais, si l'outillage est lourd ou encombrant et qu'un moyen de manutention est utilisé, il peut sembler plus logique d'aller reporter l'outillage pendant qu'il est chargé sur le moyen de manutention, ou accroché au pont roulant. On aura ainsi tendance à optimiser l'utilisation du moyen de transport, au détriment de la machine qui attendra pendant ce temps de manutention.

Dans les cas les plus simples, un changement d'organisation permet de poser les outillages au plus près, avant l'arrêt de la machine, puis de les évacuer après le redémarrage. Une zone d'entreposage provisoire au plus près de la machine peut convenir.

Dans les cas les plus complexes, il faudra prévoir un deuxième moyen de manutention pour rendre cette externalisation possible. Le nouvel outillage attend sur un premier moyen de manutention. Après arrêt de la machine, l'ancien outillage est démonté, chargé sur un deuxième moyen de manutention en attente, puis évacué.

Mais si cette opération nécessite des modifications techniques de la machine, nous anticipons déjà sur l'étape suivante...

6

Convertir les opérations internes en opérations externes

Des idées pour convertir les opérations internes en opérations externes

Chaque opération interne est à nouveau étudiée. On se pose alors la question suivante :

> «Quelles améliorations peut-on apporter pour être en mesure de réaliser cette opération pendant que la machine tourne?»

À partir de la nature de chaque opération, de sa fonction dans le changement d'outillage, des faits observés et des apports des «5 pourquoi», les membres du groupe de travail proposent des idées d'améliorations pour transformer les opérations internes en opérations externes.

Les actions nécessitant peu de dépenses sont mises en œuvre en premier; sont ensuite étudiées les solutions nécessitant des investissements ou des modifications techniques plus importantes.

Les solutions envisagées consistent souvent à acquérir un deuxième exemplaire de certains outillages ou équipements. Cela permet d'effectuer les réglages hors de la ligne pendant que la machine fonctionne.

On pensera aussi à des sous-ensembles amovibles, fixés à la machine avec des dispositifs assurant précision dimensionnelle, rapidité de montage et de démontage :

- cuves et réceptacles démontables pour assurer leur nettoyage hors ligne dans le cas de mise en œuvre de liquides (peintures, vernis, résines...);
- tables amovibles;
- bancs de préréglage d'outils de coupe;
- systèmes à cassettes.

UN SYSTÈME DE COUPE AMOVIBLE

Sur cette ligne de fabrication de plaques bitumineuses très chargées en minéraux, la nappe de produit est tranchée par un couteau dont l'usure oblige à des remplacements fréquents. Monter le couteau sur une cassette amovible a permis de réduire de manière importante les temps d'arrêts.

De même, le préchauffage de moules évite d'attendre la montée en température, le moule une fois monté.

Comme déjà évoqué, on examine aussi les systèmes de levage ou d'approche des outillages. Cette étude améliore la sécurité des opérateurs, car elle optimise le transport des charges lourdes. Des outils plus légers peuvent être étudiés. Il convient aussi d'étudier l'équilibrage des outillages pour leur manutention, et de choisir l'endroit des points de levage pour faciliter leur transfert. On veillera, de même, à ne pas créer des ensembles prémontés trop encombrants ou trop lourds, dont la difficulté de manutention annulerait le bénéfice lié à l'amélioration.

Le temps des opérations internes restantes est évalué en additionnant les temps élémentaires de chaque opération restante.

Les gains de temps générés par cette étape de conversion des opérations externes sont moindres que ceux générés par l'étape précédente. Les premiers investissements, généralement limités, apparaissent souvent à ce stade.

Quand des objectifs de temps de réglage sont inclus dans le cahier des charges des machines, ou si les constructeurs intègrent les principes de changement rapide d'outillage dès la conception des machines, les solutions suivantes, par exemple, peuvent être mises en œuvre.

L'EXTERNALISATION DES RÉGLAGES D'UNE BROCHEUSE

Sur ce type de machine, destinée à effectuer des encoches sur des axes de boîtes de vitesses, les broches sont portées par une table solidaire du coulisseau. Le calage des broches nécessite l'arrêt de la machine.

Sur une machine nouvellement conçue, les broches sont montées sur une table amovible, fixée au coulisseau. Pendant que la machine tourne, les nouvelles broches sont montées et réglées sur une autre table amovible, posée sur un chariot spécialement conçu à cet effet.

Les broches une fois réglées, le chariot est présenté devant la machine et la table amovible montée sur la machine. Le temps de réglage se réduit au temps de dépose et de repose de la table amovible.

Figure 8. Un changement de broches sur une brocheuse classique

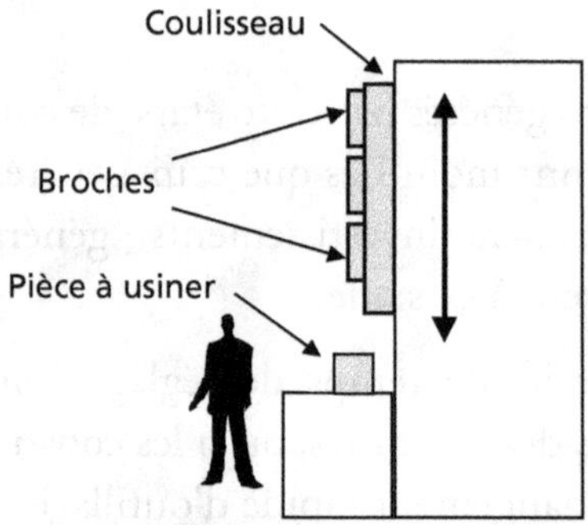

Figure 9. Un changement rapide de broches avec montage de la table porte-broche sur la machine

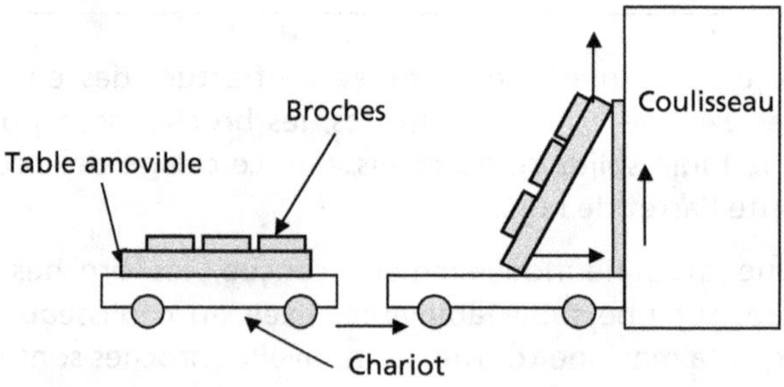

Le changement de bobines

Des dispositifs à doubles bobines sont maintenant intégrés dans les dérouleurs dès leur conception.

UN CHANGEMENT DE BOBINE SANS ARRÊT DE LA MACHINE

En entrée de cette ligne de fabrication de tubes souples pour pâte dentifrice, une bobine est en attente. Il suffit à l'opérateur de raccorder à la volée la fin de la bobine précédente au début de la bobine suivante pour effectuer le changement, sans arrêter la machine. Il faut ensuite éliminer la pièce comportant le raccord. La perte de production est limitée à une pièce.

Figure 10. Un changement de bobine sans arrêt

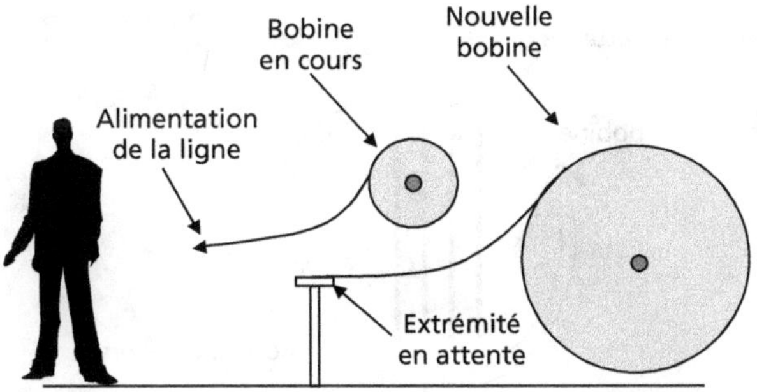

UN CHARGEUR À DOUBLE BOBINE

Le dérouleur de cette machine d'impression de feuille multicouche pour emballage alimentaire est doté d'un bras portant deux bobines. Pendant que la machine tourne, le mandrin en attente est chargé avec une nouvelle bobine à l'aide d'un appareil de manutention. À la fin de la bobine en cours, la machine est arrêtée, le bras, qui est motorisé, effectue un demi-tour, ce qui met la nouvelle bobine en position de travail. Les opérateurs effectuent le raccordement et redémarrent la machine.

Ou encore, sur cette presse de découpe multiposte fabriquant des contacts électriques, l'alimentation du feuillard est assurée par un support à deux bobines. Une rotation du support, suivant un axe vertical, cette fois, permet de passer d'une bobine à l'autre. Le temps d'arrêt est limité à l'enfilage du feuillard dans chaque poste de découpe.

Figure 11. Un chargeur à double bobine

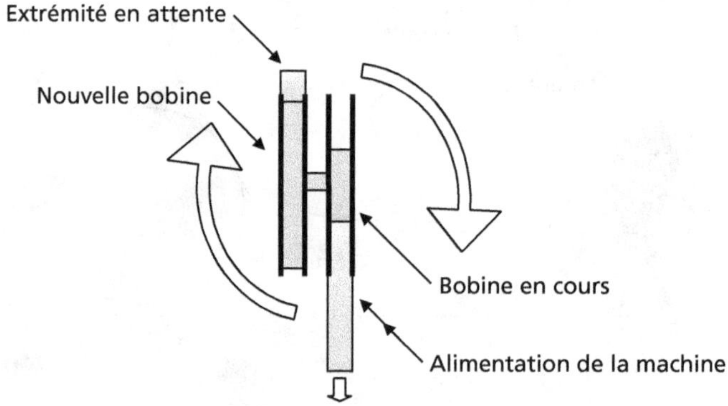

Enfin, l'arrêt d'une ligne peut être évité pendant le changement de bobine avec l'utilisation d'un accumulateur qui emmagasine le produit pendant le temps du raccordement et le restitue pendant le fonctionnement normal. Cette technique est utilisée quand le produit ne peut pas s'arrêter ou doit défiler à vitesse constante, comme lors du passage dans un four en continu. Si le processus de production le tolère, cette technique peut être associée à un ralentissement de la ligne, qui autorise un volume d'accumulateur plus faible, ou permet d'inclure une opération de raccordement plus longue.

Cependant, la technique de l'accumulateur a l'inconvénient de masquer les aléas de la ligne et peut retarder la prise en compte de leur traitement.

Figure 12. Le principe de l'accumulateur

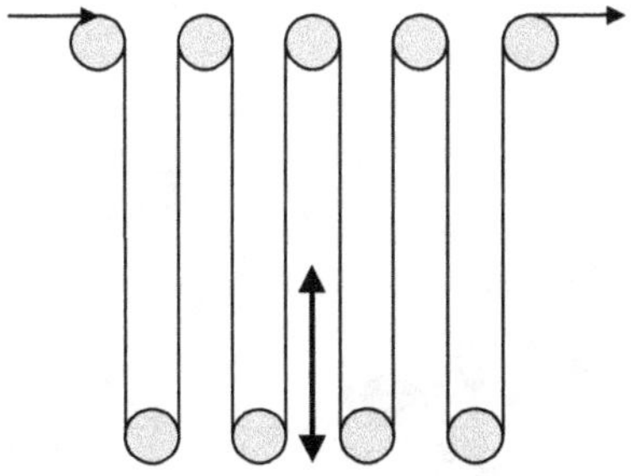

7

Rationaliser les opérations internes

Des idées pour rationaliser les opérations internes

Chaque opération interne restante est à nouveau examinée. Les participants émettent des idées pour en réduire le temps. Certaines opérations vont être purement et simplement supprimées.

Comme déjà évoqué, tout au long de l'étude technique, le groupe gardera en tête les problèmes de sécurité et d'ergonomie. Il cherchera à éliminer les tâches difficiles, dangereuses, pénibles ou les aléas, et à proposer des améliorations de réduction de temps qui ne créent pas de situations dangereuses. En particulier quand on abordera les opérations combinées, qui devront être examinées avec soin.

La standardisation des fonctions

En examinant les fonctions assurées par chaque élément, on peut déterminer les éléments à standardiser et les éléments pour lesquels un réglage doit subsister. On recherchera le compromis entre les différents impératifs : poids et complexité des outillages, durée et complexité des réglages…

La standardisation des hauteurs des différents outillages ou l'utilisation de gabarits permet de supprimer tout simplement les réglages.

DES OPÉRATIONS INUTILES

Sur une presse d'emboutissage, l'opérateur passait du temps à régler la hauteur et la course du coulisseau. La standardisation de la hauteur des moules a permis de supprimer ces opérations.

Les fixations rapides

La mise en place de dispositifs rapides ou sans vis facilite les opérations. La valeur et la direction de la force de fixation sont systématiquement examinées. En effet, a-t-on vraiment besoin de la force de fixation des dispositifs actuels ? Les dispositifs qui suivent assurent une force de fixation moindre que des solutions plus classiques, mais ils combinent gain de temps et facilité d'utilisation. A-t-on besoin de vis aussi longues ? Seul le dernier tour d'écrou est utile…

On mettra en œuvre, entre autres, des fixations utilisant le principe de la rondelle en U, de la « boutonnière », ou des techniques de serrage, de type « sauterelle » ou came.

Figure 13. La rondelle en U

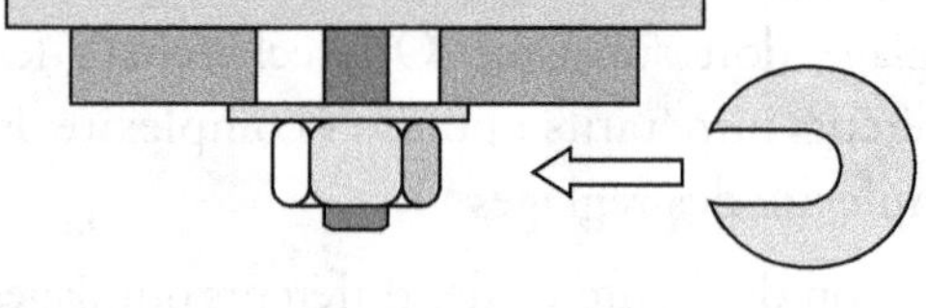

Figure 14. Le principe de la boutonnière

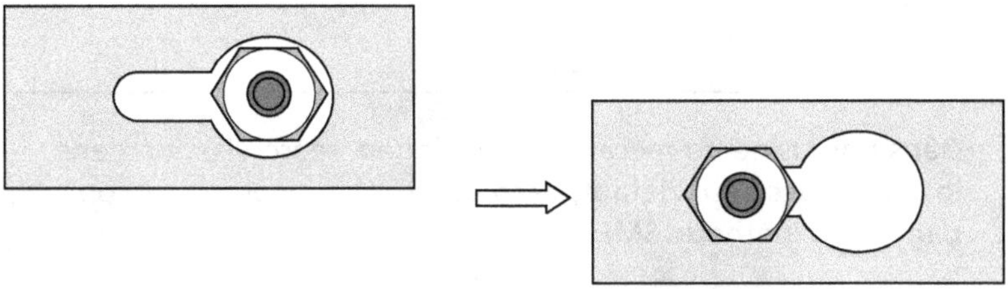

Figure 15. La fixation par sauterelle

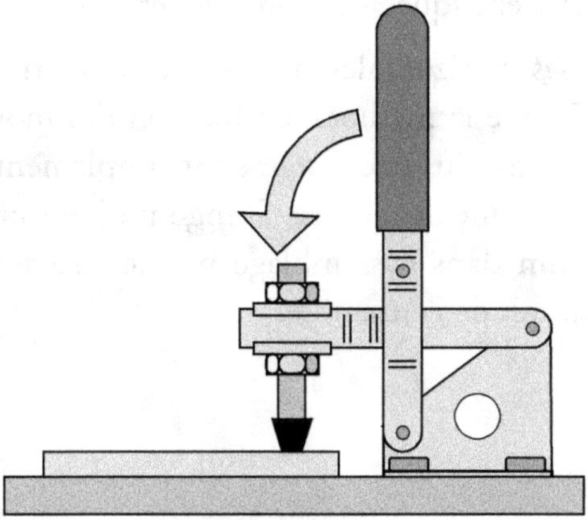

Des écrous à ailettes évitent aussi d'avoir recours à une clé pour effectuer le serrage. Des poignées peuvent être installées sur les outillages pour faciliter leur mise en place et leur manutention.

La méthode de fixation sans vis

ZÉRO VIS

Dans une usine de mécanique, le slogan «zéro vis», né dans le sillage des zéro défaut, zéro délai, zéro papier…, accompagnait la méthode SMED.

La force de la gravité peut être suffisante dans certains cas. Pour des opérations de montage automatique, les pièces sont montées sur des posages à encliquetage, donc faciles à changer sans effort.

Pour les presses horizontales à injecter la matière plastique, Shingo a développé la méthode de fixation des moules sans vis. Les moules ne sont plus fixés, mais sont simplement glissés dans des supports en forme de rainure. Shingo indique aussi qu'un jeu de 0,1 à 0,2 mm dans l'assemblage permet d'assurer un fonctionnement parfait de l'ensemble.

Figure 16. La fixation sans vis

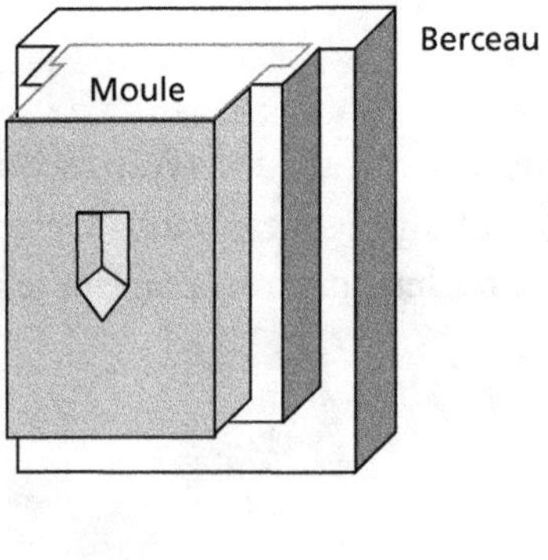

Les configurations multiples ou le Plus Petit Commun Multiple (PPCM)

On prévoit sur la machine toutes les configurations correspondant aux différentes séries. Le réglage est effectué instantanément par la manipulation d'un seul élément.

Par exemple, un barillet comporte plusieurs butées dont les longueurs correspondent aux dimensions des différentes séries. Une simple rotation du barillet permettra d'effectuer le réglage de longueur. Ou encore, plusieurs contacteurs de fin de course sont reliés à un commutateur. On choisit avec le commutateur le contacteur utile à la série à produire.

C'est la technique du Plus Petit Commun Multiple (PPCM), dont on a déjà évoqué le principe en définissant l'OTED (One Touch Exchange of Die) : on prévoit sur la machine autant de dispositifs que le plus petit commun multiple des différentes configurations à couvrir.

LE MICROSCOPE

Cette technique est mise en application pour les objectifs d'un microscope. Avec une simple rotation d'un tiers de tour, on change l'objectif, donc le grossissement de l'appareil. On n'imagine pas devoir dévisser et revisser un objectif pour changer de grossissement.

De la même manière, plusieurs programmes informatiques de commande de la machine peuvent être stockés en mémoire. Le lancement du programme de la nouvelle série peut être assimilé à cette technique de PPCM.

Le changement automatique de référence

L'ensemble des configurations étant disponible sur la machine, on peut imaginer automatiser le changement de configuration avec, par exemple, pour des outils peu encombrants, un vérin pneumatique qui mettra en position les éléments nécessaires à la nouvelle série (buse, gabarit…).

Sur des installations plus importantes, l'ensemble des outillages nécessaires peut être entreposé dans un magasin inclus dans la machine. Un bras automatisé effectue le transfert des outils entre le cœur de la machine et le magasin. Nous pouvons citer entre autres :

- les machines d'usinage à commande numérique;
- certaines presses à découper (schéma suivant).

Figure 17. Un changement automatique d'outil

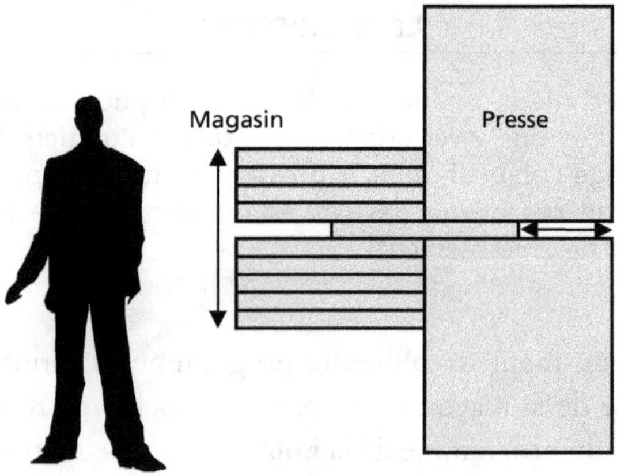

Dans d'autres techniques, un système de reconnaissance (code barres, reconnaissance de forme ou de couleur) peut aussi permettre de configurer l'installation en fonction de la pièce à fabriquer. On s'achemine vers le NOTED (NO Touch Exchange of Die), qui ne requiert pas l'intervention de l'opérateur.

Le cas des fluides

En cas d'utilisation de fluides, les connexions peuvent être améliorées avec des raccords ou fiches rapides.

Souvent, les raccords ne sont pas prévus pour le démontage. Les colliers sont détériorés et non standardisés. Il faut souvent chercher l'outil adapté pour monter ou démonter les colliers.

Des raccords rapides sont installés. Le montage tête-bêche des raccords sert de détrompeurs. Le repérage visuel avec différentes couleurs évite d'avoir à chercher pour effectuer le branchement.

LE BRANCHEMENT DES TUYAUX

Sur cette installation d'extrusion soufflage, l'opérateur perdait beaucoup de temps à rebrancher les tuyaux de refroidissement. Ils n'étaient pas repérés, les colliers de serrage des embouts n'étaient pas identifiés et étaient détériorés.

L'amélioration a consisté à repérer les tuyaux et à changer les raccords.

Nous pouvons aussi citer l'utilisation de collecteurs qui permettent, sans risque d'erreur, et d'une seule opération, de brancher l'ensemble des tuyaux.

Une ouverture calibrée apportera le bon débit, évitera le manque de liquide ou sa consommation excessive.

La pose de vannes d'isolation ou leur rapprochement facilite aussi le réglage.

Le repérage visuel et les détrompeurs

La mise en place de graduations et de repères visuels va faciliter la rapidité d'exécution. Les repères visuels se posent aussi sur les manomètres, les débitmètres, pour assurer un réglage rapide des pressions et des débits. De même, la mise en place de détrompeurs évitera les erreurs de montage (montage d'une pièce à l'envers, par exemple).

L'UTILISATION DE REPÈRES VISUELS

Sur une machine à sertir des couvercles de boîtes pour conserves alimentaires, il faut régler les six têtes de sertissage montées sur un carrousel. Pour ce faire, on fait tourner le carrousel d'un sixième de tour entre chaque réglage. La rotation est très rapide et les positions d'arrêt ne sont pas repérées. Le régleur arrête la rotation souvent trop tard et il est systématiquement obligé de faire effectuer un tour supplémentaire au carrousel pour retrouver la bonne position de réglage. Il a suffi de réduire la vitesse de rotation et de mettre en face de chaque tête de sertissage un repère visuel pour réduire les pertes de temps et la fatigue de l'opérateur.

L'importance de l'organisation

Tous ces dispositifs simples sont extrêmement efficaces et emblématiques de la méthode SMED, mais ils ne sont pas les seuls à retenir. La puissance de cette méthode réside aussi et surtout dans l'organisation.

Par exemple, n'oublions pas qu'une fixation à vis optimisée peut constituer une solution intéressante dans une première étape : il suffit que les vis soient en nombre réduit au minimum, de forme identique, coupées à la longueur minimale, dotées de filets et de têtes en parfait état. La maîtrise des couples de serrage est aussi une donnée importante. Combien de temps perdu à essayer de desserrer une vis bloquée par un autre opérateur ?

On peut aussi être confronté à la situation où des dispositifs rapides avaient été mis en fonction à l'origine de l'installation de la machine. À la suite d'un événement particulier (modification d'outillage, détérioration d'un organe ou ajout d'un outillage non standardisé), ces dispositifs ont été mis de côté. Les remettre en service peut faire gagner beaucoup de temps pour une dépense minime. Enfin, il faut garder en mémoire qu'un changement de série ne se limite pas au montage et au démontage de l'outillage. Les gains les plus significatifs et les plus faciles à obtenir sont souvent réalisés avant ou après l'opération pure de changement de l'outillage.

L'examen des procédures de contrôle

Dans de nombreuses activités, on est obligé d'attendre le résultat du contrôle de la première bonne pièce pour lancer la fabrica-

OBJECTIF PROPRETÉ

Sur cette machine de moulage de pièces en polyuréthane, les excès de produit démoulant provoquent l'adhérence des moules sur la machine, le mauvais fonctionnement des raccords rapide du circuit d'eau, ou l'obturation des logements de clé sur les têtes creuses hexagonales des vis de fixation.

La réduction des sources de salissures, puis l'amélioration des procédures de nettoyage vont constituer les actions prioritaires du chantier SMED.

La fiabilité des réglages

Le manque de précision et les erreurs de réglages se traduisent par une période de stabilisation après réglage longue et ponctuée de nombreuses reprises. On peut aussi constater de nombreuses reprises de réglages en cours de fabrication; ces aléas ne doivent pas être oubliés, même s'ils ne sont pas constatés lors de l'examen du changement d'outillage.

Faire bon du premier coup est aussi un précepte à appliquer au réglage lui-même.

L'augmentation de la facilité des réglages restants

Les difficultés rencontrées lors de réglages contribuent aux pertes de temps et génèrent des erreurs. On en déterminera donc les causes.

En complément des dispositifs évoqués, la standardisation des outillages, la détermination des valeurs de réglage, le bon état des pièces à démonter et à remonter et l'amélioration de l'ergonomie vont contribuer à rendre les réglages plus faciles, donc plus fiables. L'adaptation de l'outillage à main (utilisation de visseuses pneumatiques, par exemple) et une meilleure accessibilité sont aussi des facteurs d'amélioration.

Combien de fois constate-t-on que l'opérateur a besoin d'une troisième main (une pour tenir la pièce à fixer, une autre pour la vis, et enfin une troisième pour le tournevis) ?

La manutention

Étudier la manutention des pièces lourdes permet d'améliorer l'ergonomie et la sécurité. Dans le cas de changement de configuration d'une ligne, où il faut recourir au déplacement de machines ou d'éléments de machines, apparaissent les difficultés liées aux moyens de manutention.

Dans le cas de machines légères, telles que des machines automatiques d'assemblage ou de décoration sur de petits produits, penser à monter ces machines ou éléments de machines sur roues évite d'avoir à recourir à un moyen de manutention. Les machines de montage de couvercles, de collage de miroirs ou de décor par tampographie, installées en sortie de presse à injecter, lors de la fabrication de poudriers, entrent, par exemple, dans ce cas de figure.

Pour les éléments mobiles déjà montés sur roues ou sur galets, il faut veiller à l'état des sols ou des rails, et à l'état des éléments de roulage.

Le recours aux moyens de manutention conventionnels, comme les chariots élévateurs ou nacelles, est source de perte de temps, car ces équipements sont affectés à d'autres usages, et leur utilisation nécessite de mobiliser un conducteur. Par ailleurs, un chariot élévateur est bien adapté au transport des palettes. En est-il de même pour le transport des éléments de machine?

UNE OPÉRATION DANS LA CHARPENTE

Sur cette ligne d'usinage, il est nécessaire de rajouter ou d'enlever un tour parallèle pour changer de série. Cette opération est source de perte de temps importante : il faut utiliser un chariot à fourches pour déplacer le tour et amener une nacelle pour effectuer, à hauteur de charpente, le branchement électrique de la machine.

Pour les installations conçues suivant les principes SMED, des tables élévatrices ou des chariots spécifiques sont prévus, dès l'origine, pour la manutention des outillages.

L'ordre des opérations

Les temps d'attente et les temps de déplacement sont réétudiés pour éviter les déplacements inutiles. La remise à plat de l'ordre des opérations est aussi génératrice de gain de temps.

La réduction des déplacements de l'opérateur

Le nombre de pas effectués par un opérateur lors d'un changement d'outillage est un indicateur facile à mesurer, et chercher à le réduire souvent générateur de progrès. En traquant tout déplacement inutile ou trop long, on sera amené à rapprocher les commandes de machines, les outillages, les vannes d'isolation de fluides...

Comme évoqué plus haut, on peut être amené à changer l'ordre des opérations, afin d'organiser un cycle de réglage optimisé, où les temps de « non-valeur ajoutée » sont réduits. La technique « rouge/vert » est utilisée. La mise en parallèle des tâches sur des installations de grandes dimensions, comme nous allons l'évoquer plus tard, offre aussi l'avantage d'éviter les allers et retours inutiles, car on confie la partie du réglage concernée à l'opérateur situé au plus près. Un opérateur se voit confier, par exemple, la partie droite de la machine, alors qu'un autre se voit confier la partie gauche. On évite à l'opérateur de « faire le tour de l'installation » pour une même opération.

La mise en parallèle des tâches

Enfin, on procède à la mise en parallèle des opérations. Plusieurs opérateurs travaillent alors simultanément, et le temps de changement d'outillage en est diminué d'autant. Par exemple, le principe consistant à introduire les nouveaux outils pendant que les anciens outils sont sortis peut être retenu.

Dans le cas où le réglage nécessite des déplacements importants de l'opérateur, le travail à plusieurs personnes en parallèle a aussi l'avantage de réduire ces déplacements. La synchronisation des opérations est étudiée, et les temps d'attente des opérateurs sont supprimés.

On constate alors la nécessité de modifier l'organisation des équipes afin que le nombre d'opérateurs adéquat soit disponible de façon simultanée pour effectuer le réglage sans pénaliser la marche d'autres machines.

Nous trouverons ci-dessous une procédure où des opérations sont effectuées simultanément sur une conditionneuse et sur un moule. Le temps prévu est exprimé en minutes.

Figure 18. Des opérations simultanées

<table>
<tr><th>Min</th><th>Conditionneuse</th><th>Moule</th></tr>
<tr><td>1</td><td>Vidange</td><td rowspan="4">Déconnexion moule
et changement programme</td></tr>
<tr><td>2</td><td>Déplacement</td></tr>
<tr><td>3</td><td rowspan="3">Nettoyage</td></tr>
<tr><td>4</td></tr>
<tr><td>5</td><td>Dépose moule</td></tr>
<tr><td>6</td><td rowspan="5">Dépose séparation chargeur
(partie fixe)</td><td>Préparation nouveau moule</td></tr>
<tr><td>7</td><td>Montage nouveau moule</td></tr>
<tr><td>8</td><td rowspan="2">Montage pince feuille
+ raccordement eau/air</td></tr>
<tr><td>9</td></tr>
<tr><td>10</td><td>Réglage four</td></tr>
<tr><td>...</td><td>...</td><td>...</td></tr>
</table>

Les éléments communs de réglage et les éléments semblables de réglage

On s'attachera à repérer les éléments de réglages communs à deux séries de pièces, éléments que l'on n'aura pas à modifier pour passer d'une série à l'autre. Citons des posages communs, une filière d'extrusion commune à plusieurs séries de produits…

Les éléments de réglage semblables concernent les réglages simples à effectuer, en gardant la même forme de base. Citons le réglage d'un diamètre sur un même mandrin, ou le réglage d'une longueur en déplaçant sur une même rampe un contacteur, curseur, un couteau…

On voit tout l'intérêt à tirer de ces observations pour supprimer ou simplifier les réglages, notamment lorsqu'on planifie les changements de séries.

À l'issue de cette phase, on relève le temps total des opérations internes rationalisées et on le compare à l'objectif fixé.

C'est à ce stade de l'étude que les modifications proposées nécessitent l'investissement le plus lourd.

8

Rationaliser les opérations externes

L'importance de cette phase

Cette phase n'est pas à négliger, car si le gain financier est plus faible que dans la phase précédente (la machine produit pendant les opérations externes), ces opérations mobilisent les régleurs et limitent le nombre de changements possibles d'outillage.

Les opérations externes à rationaliser sont issues des phases «Extraire les opérations externes» et «Convertir les opérations internes en opérations externes», complétées des opérations déjà effectuées pendant le fonctionnement de la machine.

La préparation du changement d'outillage est optimisée. Les aléas induits par le manque de préparation sont supprimés. Il n'est plus question de s'apercevoir au dernier moment qu'une vis est absente, défectueuse ou mal rangée. Sur la vidéo, combien de fois a-t-on observé l'opérateur quitter sa machine pour aller meuler une tige filetée ou une vis?

L'importance de la planification de la production se fait aussi sentir à ce stade. Des précisions fiables sont nécessaires pour assurer la préparation dans de bonnes conditions.

Les procédures de préparation

Au cours de cette étape, sont décrites les gammes de contrôle et la préparation des outillages. Les listes des matériels nécessaires aux différents changements sont établies, ainsi que les listes des paramètres et des valeurs de réglages.

Le poste de travail du préparateur

Le poste de travail de préparateur d'outillage est étudié, les chariots de changement d'outils et les moyens de manutention sont définis et réalisés.

La maintenance des outillages

La maintenance et les essais de bon fonctionnement des outillages sont pris en compte. On établira aussi les procédures de remise en état ou de réforme des outillages.

Le chariot d'outillage

Pour effectuer l'opération de façon satisfaisante, il est important que l'opérateur ait tous les éléments nécessaires à portée de main et parfaitement identifiés. On trouvera sur le chariot de montage deux parties : une partie où sont disposées les pièces à monter, qui sont propres, et une deuxième partie où l'on posera les pièces démontées, qui peuvent être souillées, suivant le principe de séparation des parties « propres » et des parties « sales ».

Les éléments seront disposés dans l'ordre de montage. Des emplacements vides parfaitement identifiés, avec des silhouettes ou des alvéoles, permettent de recevoir les éléments déposés. Tout le nécessaire pour effectuer le travail est à disposition : outillage à main, chiffons, feuille de paramètres, procédures, etc.

Figure 19. Le chariot d'outillage

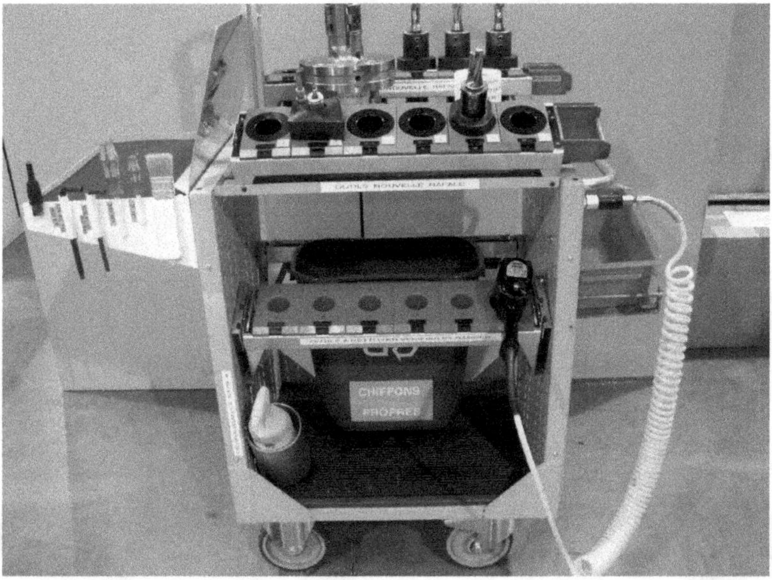

9

Le pilotage du plan d'actions

Les procédures de réglage

Les procédures de réglages immédiates sont alors écrites. Elles spécifient la description de l'opération, le temps prévu pour chaque opération.

Figure 20. La procédure de réglage

N°	Description de l'opération	Moyens utilisés	Temps prévu	Temps réalisé
1				
2				
3				
4				
5				
...				

Le plan d'actions d'amélioration

La totalité des actions retenues est listée dans un plan d'actions qui sera suivi et mis à jour régulièrement. Le plan d'actions comportera la description précise de l'action, le responsable, les contributeurs, ainsi que le livrable de l'action (preuve physique attestant que l'action est réalisée ou non).

Ce plan d'actions est planifié en Qualité, Coût et Délais. La rentabilité en est établie (gain de rendement). Le plan d'actions est formalisé à l'aide de la grille suivante, porté à la connaissance de tous, affiché et tenu à jour.

Figure 21. Une grille de plan d'actions

N°	Action	Responsable	Contributeurs	Délai	Livrable	Gain	Coût
1							
2							
3							
4							
5							
...							

La réalisation des actions

Le groupe de travail met en œuvre le plan proposé. Les actions immédiatement réalisables sont effectuées. Il peut s'avérer qu'une idée d'amélioration soit suffisamment complexe pour nécessiter une étude particulière. Il sera alors fait appel à la méthode de résolution de problèmes en groupe.

Une grande rigueur est à apporter dans la réalisation et le suivi des actions prévues. C'est la réalisation effective de ces actions qui apportera le résultat escompté. Le suivi des actions consistera à s'assurer de la présence des livrables de chaque action.

La mise en place de la procédure définitive

À l'issue des réalisations techniques, un nouveau changement d'outillage est programmé, puis réalisé suivant la procédure prévue et observé minutieusement. Un nouvel enregistrement vidéo est effectué.

Le temps réel de chaque opération est mesuré et les faits relatifs à ce nouveau changement d'outillage sont relevés.

La procédure définitive du changement d'outillage est alors écrite, à partir de la procédure prévisionnelle, du résultat de l'essai précédant et des faits relevés. Les améliorations techniques complémentaires sont apportées. Lors de la rédaction définitive des documents, un grand soin est apporté à leur lisibilité : cela permet de gagner du temps et d'éviter de commettre des erreurs.

La formation du personnel

On veillera à ce que les anciennes manières de faire soient remplacées par la nouvelle procédure. Pour cela sont organisées des séances de formation au cours desquelles est explicitée la nouvelle procédure, nouvelle vidéo à l'appui.

Les indicateurs et le suivi

Pour chaque changement d'outillage, on enregistrera le temps d'exécution réel. Les résultats seront affichés dans l'atelier, sur un tableau destiné à cet effet. Tout dépassement du temps objectif sera documenté et traité dans le cadre de l'amélioration continue.

Des audits de respect des procédures de changement seront régulièrement effectués.

Figure 22. Un premier exemple d'indicateurs de suivi

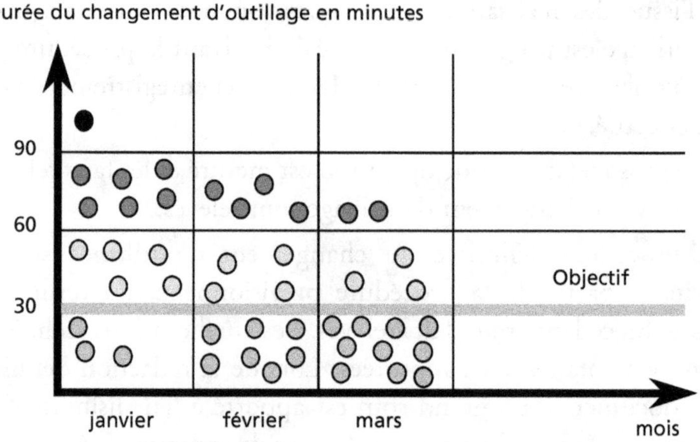

Figure 23. Un deuxième exemple d'indicateurs de suivi

Cause de dépassement	Date du changement
RAS	16/01
Difficulté montage table	30/01
Difficulté montage table	03/02
Essais matières	19/02
Réglages	01/03
Essais matières	16/03
Réglage	19/03
RAS	28/03
...	...

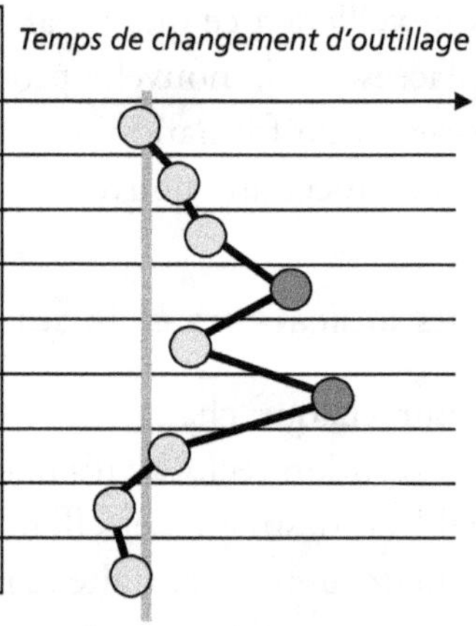

Le suivi des projets SMED

Le suivi des actions de changement rapide d'outillage est assuré par le chef d'unité, soutenu par une structure de pilotage. Il est intégré, comme vu précédemment, dans le plan de progrès, déployé de la direction aux unités de travail. Cela assure de façon satisfaisante :

- la hiérarchisation des problèmes à traiter ;
- la disponibilité des acteurs ;
- la planification des moyens ;
- le suivi des réalisations.

Si l'on désire généraliser SMED à l'issue d'un premier succès, on ne fera pas l'économie de l'étude complète de chaque chantier. Une solution retenue dans une configuration peut ne pas convenir à une autre situation. Souvenons-nous que SMED, en mettant en œuvre des principes simples, permet de mettre en évidence les solutions adaptées à chaque problématique, ce qui fait de chaque chantier SMED une expérience unique !

Maintenant, supposons que les solutions techniques soient complètement transposables au nouveau chantier, car les installations sont similaires. Si l'on travaille avec de nouveaux acteurs qui n'ont pas participé à la première expérience, leur niveau de maturité sur SMED sera insuffisant pour mettre en œuvre immédiatement de nouvelles dispositions. Là encore, on ne fera pas l'économie de la phase d'appropriation.

L'application de la méthode aux opérations autres que les changements de série

Les réglages dans une même série

La méthode SMED est tout aussi applicable en dehors des changements de série. Un changement d'outil ou un simple réglage dans une même série sont facilement améliorables avec la méthode SMED.

La maintenance préventive

Le temps imparti aux opérations de maintenance préventive est contraint par les impératifs de livraison client et de disponibilité machine : décider d'arrêter une installation pour la maintenance préventive est un choix difficile, même s'il se justifie techniquement.

Et pourtant, il est communément admis que 30 % du temps consacré à la maintenance préventive est gaspillé. En effet, les interventions de maintenance préventive sont entachées de problèmes de sécurité, de manque de méthode ou de matériel adapté, de pertes de temps. Les pièces de rechange ne sont pas toujours disponibles.

L'enjeu est de réduire le coût de la maintenance préventive tout en améliorant la fiabilité des équipements. Pour sortir de ce dilemme, la méthode SMED est tout indiquée, car elle permet de traiter tous ces problèmes.

LA MÉTHODE SMED APPLIQUÉE AUX OPÉRATIONS DE MAINTENANCE PRÉVENTIVE

Chez ce fabricant de semi-conducteurs, la maintenance préventive est très développée. En outre, les temps d'intervention sont conditionnés par des temps incompressibles : temps de chauffe et de refroidissement, temps de descente en vide ou de montée en pression, temps de calibration, temps de mesure de contamination... Les interventions se font en salle blanche, et l'opérateur porte des protections pour éviter la contamination d'origine humaine : combinaison, gants et cagoule. L'étude systématique des opérations de maintenance préventive a permis de diviser par deux les temps d'intervention de maintenance préventive en améliorant la qualité des prestations et les conditions de travail.

La figure ci-dessous montre la typologie des différentes solutions apportées, sur un échantillon de 23 chantiers SMED différents.

Figure 24. Une typologie des solutions apportées

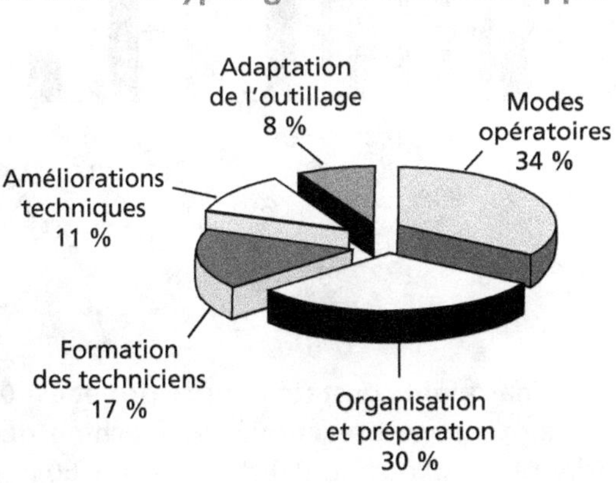

Sur ces mêmes chantiers, la répartition des temps d'intervention avant SMED et après SMED est la suivante :

Figure 25. La répartition des temps de maintenance préventive avant et après amélioration

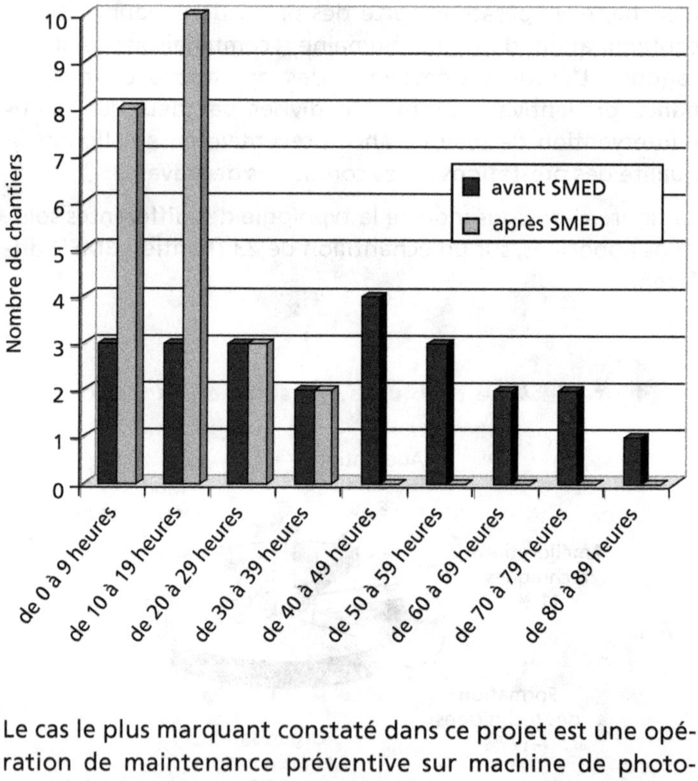

Le cas le plus marquant constaté dans ce projet est une opération de maintenance préventive sur machine de photographie (dépôt et exposition) effectuée en 60 heures en moyenne avant amélioration, et en 20 heures après amélioration.

Un autre exemple peut être cité dans le textile : la maintenance d'un métier à tisser était effectuée, avant mise en place du SMED, par 6 mécaniciens en 18 heures (de 12 à 24 heures suivant les aléas). Après la mise en place de la méthode SMED et de ses améliorations, cette maintenance a été réalisée en 6 heures par 4 mécaniciens.

Dans tous ces cas, aucun investissement n'a été nécessaire.

10

Des exemples de chantiers SMED

Obtenir rapidement des résultats spectaculaires

Il est possible de réaliser en 3 jours une amélioration permettant de diviser par deux à trois le temps de changement d'outillage, sans investissement majeur. La stratégie à adopter est le chantier de formation action.

Une première étape consiste à préparer l'intervention avec les responsables : fixation des objectifs, choix de la ligne de production, choix des participants, choix des membres du groupe. La réalisation de la vidéo est planifiée à ce moment.

La deuxième étape, lancée par le directeur du site, est constituée de la formation action proprement dite. Le groupe étudie la vidéo, propose des améliorations. Les actions réalisables immédiatement sont effectuées, et les actions nécessitant un délai ou un investissement sont portées sur le plan d'actions. Les membres du groupe réalisent un nouveau changement d'outillage en appliquant la procédure qu'ils viennent de déterminer. Les objectifs de réduction de temps sont, sauf rares exceptions, tenus.

La séance de formation est close par une présentation des travaux du groupe au comité de direction de l'usine. C'est une occasion unique d'échange sur la base d'éléments concrets et chiffrés et de lever les ambiguïtés restantes.

Le groupe affirmera son engagement de performance, chiffres à l'appui, et exprimera les éléments dont il a besoin pour pérenniser son projet : accord formel en termes d'organisation et engagement de moyens sur la base d'un gain de productivité chiffré.

La direction réaffirmera sa décision stratégique d'utiliser les chantiers SMED comme vecteur de progrès et son engagement à veiller à l'application scrupuleuse du plan d'actions proposé.

La dernière étape est le suivi : le groupe se réunira tous les 15 jours pour faire le point sur les actions, sur une durée de 3 mois. Cette période peut varier en fonction de la nature des améliorations techniques à apporter.

Un exemple de programme détaillé de formation action SMED

Journée de préparation avec le comité de direction :

- rappel sur la démarche;
- choix du chantier et des participants;
- organisation de l'information préalable aux acteurs;
- réalisation de la vidéo à utiliser lors du séminaire.

Jour 1 :

- introduction et fixation des objectifs par le directeur du site;
- présentation des concepts SMED;
- opération « 5 S » en atelier avec les opérateurs;

- visualisation du film vidéo et observation du changement d'outillage;
- propositions d'amélioration :
  - extraction des opérations externes,
  - conversion des opérations internes en opérations externes,
  - rationalisation des opérations internes et externes;
- planification des modifications à réaliser pendant la nuit.

Jour 2 :

- élaboration de la nouvelle procédure de changement rapide d'outillage;
- préparation du poste et essais;
- réalisation du nouveau changement d'outillage avec enregistrement vidéo;
- chiffrage économique des gains réalisés.

Jour 3 :

- récapitulatif des principaux problèmes rencontrés dans la mise en œuvre du SMED;
- analyse des conditions pour réussir la démultiplication de SMED dans l'usine;
- présentation par le groupe de ses travaux au comité de direction de l'usine.

REPORTAGE : UN SÉMINAIRE DE 3 JOURS

Cette entreprise fabrique des pièces pour des transmissions d'automobile. Il est décidé de mettre en place la méthode SMED pour augmenter le rendement d'une ligne d'usinage composée de plusieurs tours. Cette ligne est composée de tours reliés par un portique robotisé chargé de transporter les pièces d'une machine à l'autre. Au cours d'une réunion de préparation, il est décidé de réaliser la vidéo d'un changement de rafale. La pièce usinée est un joint de cardan côté boîte.

La durée moyenne de ce type de changement est de 2 h 37. La durée de la vidéo est de 1 h 18.

Figure 26. La situation de départ pour la ligne de tournage

Fréquence des changements	1 fois par semaine
Durée actuelle des changements	2h37
Nombre d'opérateurs	1 opérateur avec aide ponctuelle d'un 2e opérateur pendant 24 minutes avant, 1 opérateur à terme
Sécurité	Risques d'accident pour changer les pinces portiques : pincement mains et risque de chute
Qualité	Non-disponibilité de la machine de contrôle par vision

Après avoir visionné la vidéo, le groupe décide plusieurs actions d'externalisation :

- préparation des pièces brutes;
- relevé des paramètres;
- changement de mandrin.

Un poste de contrôle intégré à la ligne étant difficile à reconvertir, il est décidé d'apporter un escabeau pour que l'opérateur soit à la bonne hauteur de travail. Les vis de fixation du plateau supportant les instruments de contrôle sont changées pour faciliter le vissage.

Une machine de vision est utilisée pour effectuer le contrôle des pièces. Cependant, son manque de disponibilité crée des temps d'attente. Un changement d'organisation la rend prioritaire pour le changement de série.

La procédure de changement de série est optimisée et réécrite.

Au troisième jour du séminaire, il est décidé de refaire le changement d'outillage et de le réenregistrer. L'objectif fixé est de réaliser le montage en 1 h 18.

Le montage est réalisé en 1 h 43 incluant 6 minutes de panne et 8 minutes pour une modification de programme. Sans investissement, il vient d'être démontré concrètement en 3 jours que le temps de changement peut être divisé par deux!

Le plan d'action complet est planifié pour la suite :

- réalisation des chariots de préparation;
- mise à disposition de clés pneumatiques;
- optimisation de la fixation des supports de capteurs;
- mise en place d'un blocage en rotation du plateau;
- optimisation du montage des mors du portique et du robot;
- optimisation du programme du portique en position et en vitesse.

La ligne étant composée de plusieurs machines, il est possible de réaliser le changement à 2 opérateurs en simultané. L'objectif final est fixé à 49 minutes à 2 opérateurs.

Figure 27. Les réalisations pour la ligne de tournage

	Temps	Observations
Observé avant	2 h 37	dont 24 minutes à 2 opérateurs
Objectif Réalisé	1 h 18 1 h 43	à 1 opérateur à 1 opérateur 6 minutes de panne 8 minutes modification de programme
Potentiel	49 minutes	à 2 opérateurs

Figure 28. L'évolution des temps de changement de rafale pour la ligne de tournage

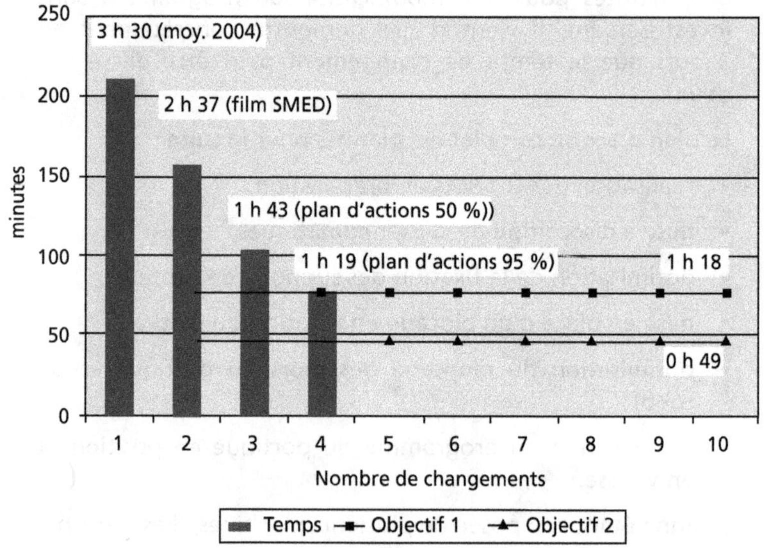

Résumons de façon lapidaire :

Temps avant : 2 heures 37 minutes
Temps après : 49 minutes
Sans investissement

Les conditions de réussites sont identifiées :

- amélioration de la maintenance préventive;
- disponibilité de la machine de contrôle par vision;
- disponibilité des techniciens pour écrire la nouvelle procédure;
- disponibilité des opérateurs pour la formation à la nouvelle procédure.

REPORTAGE : UNE LIGNE DE THERMOFORMAGE

Cette ligne de fabrication de barquettes en polystyrène thermoformées est constituée d'un dérouleur, d'un four, d'une thermoformeuse, d'une machine à découper et d'une emballeuse.

Le changement de série enregistré a été effectué à 4 opérateurs et a duré 3 heures : un opérateur a travaillé sur la thermoformeuse, deux opérateurs ont assuré la reconfiguration de la découpe, et la quatrième opérateur a réglé l'emballeuse. Afin de saisir l'ensemble des détails de l'opération, une vidéo a été réalisée par opérateur, soit un enregistrement à 4 caméras.

Deux groupes sont constitués : le groupe A visionne les enregistrements relatifs à la découpe, et le groupe B les enregistrements relatifs à la thermoformeuse et à l'emballeuse.

Figure 29. Synoptique de la ligne de thermoformage

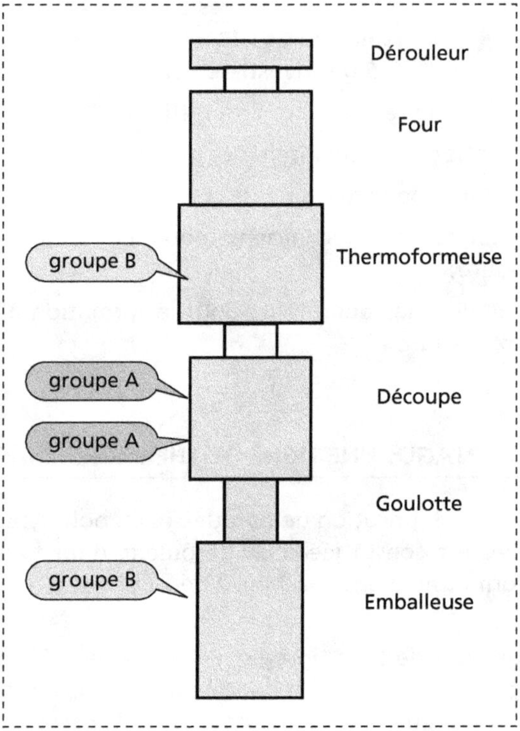

Figure 30. La situation de départ pour une ligne de thermoformage

Fréquence des changements	1 fois par mois sur 2 lignes
Durée de changement	3 heures
Nombre d'opérateurs	4
Sécurité	Glissades, chutes, chocs, fourches en hauteur
Qualité	Salissures des produits, absence de standards

La durée habituelle de changement de série sur cette ligne est de 3 heures. À l'issue du visionnage des enregistrements, l'objectif de changement a été fixé à 60 minutes. Une liste de petites améliorations est établie :

- standardisation de la visserie;
- centralisation des commandes des machines;
- mise en place de repères visuels;
- amélioration de l'accessibilité;
- mise d'une passerelle sur roulettes...

La réorganisation des procédures de changement a été effectuée. Une deuxième vidéo est réalisée. L'objectif de temps est tenu.

Un broyeur est installé sous la thermoformeuse. Il est monté sur roues pour être escamoté lors des réglages. Le sol en mauvais état gêne son déplacement. La réfection du sol est décidée. L'objectif final est porté à 40 minutes.

Figure 31. Les réalisations pour une ligne de thermoformage

	Temps	Observations
Observé avant	3 heures	4 opérateurs
Objectif	1 heure	4 opérateurs
Réalisé	1 heure	4 opérateurs
Potentiel	40 minutes	4 opérateurs

Là encore, le temps de changement a été divisé par trois en 4 jours, sans investissement majeur.

11

Les conditions de réussite liées à l'animation des hommes

Les attentes et les craintes des participants aux groupes SMED

Lorsque l'on interroge les participants à un groupe SMED sur leurs attentes vis-à-vis de la méthode, l'organisation, le rangement et les conditions de travail arrivent en tête, suivis du développement des démarches en équipe. Arrivent ensuite la performance machine, puis la qualité.

Figure 32. Les attentes des participants

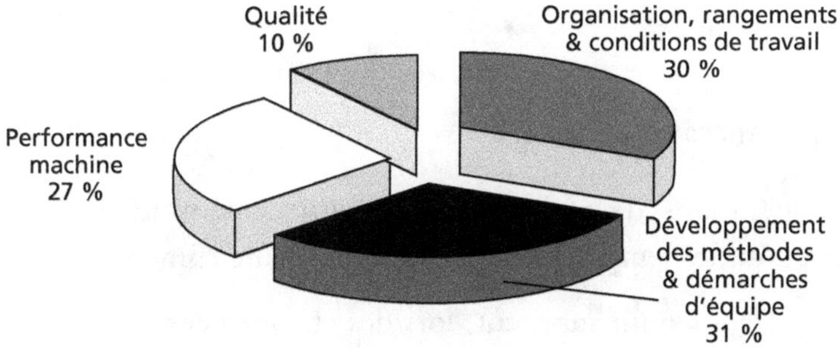

En revanche, les mêmes personnes craignent en premier lieu que la méthode SMED ne leur apporte des difficultés nouvelles et sont inquiètes quant à la pérennité de la démarche engagée, ainsi qu'en ce qui concerne les moyens financiers qui lui seront alloués.

Figure 33. Les craintes des participants

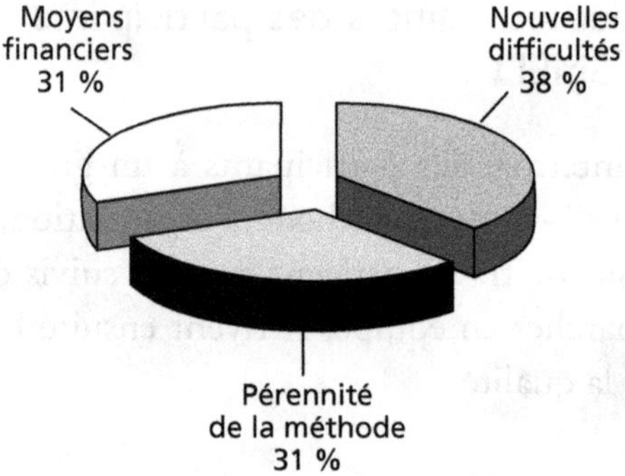

Les difficultés

Les réticences du personnel

Les opérations de réglage étant essentiellement manuelles, la réduction des temps est toujours un problème épineux.

Les opérateurs qui subissent, lors des changements de série, des difficultés jamais traitées depuis l'origine des installations ont du mal à croire que ces problèmes vont disparaître du jour au lendemain. En un mot, ils n'ont pas confiance en la capacité de l'entreprise à traiter les problèmes.

Pour eux, réduction du temps de changement de série signifie faire la même chose, mais en moins de temps. L'objectif étant de réduire le temps de réglage pour effectuer des changements de série plus souvent, les opérateurs sont confrontés plus souvent aux problèmes de réglages. Si le processus de changement n'est pas amélioré, la pénibilité en est accrue d'autant : *« Il faut subir les mêmes problèmes, plus souvent, et en se dépêchant. »*

Si la conduite des machines en fabrication s'accompagne d'opérations manuelles pénibles (manutention de pièces lourdes, par exemple), l'augmentation du rendement de la machine se traduit par l'augmentation du nombre des pièces à manutentionner, donc par une pénibilité, là encore, accrue. Il devient alors impératif d'améliorer, voire d'automatiser la manutention des pièces fabriquées.

Généralement, les opérations de réglage ne sont jamais optimisées, car elles ont une fréquence plus faible que les opérations de production et elles sont considérées comme réservées aux spécialistes. Une étude approfondie de ces opérations peut aussi être perçue comme une remise en cause du professionnaliste des monteurs.

Les difficultés rencontrées ayant toujours accompagné les installations, elles sont considérées comme faisant partie intégrante du travail, et paraissent donc difficiles à supprimer. Par ailleurs, y pallier journellement peut justifier la nécessité de spécialistes, lesquels considèrent comme valorisant de traiter, dans l'urgence, des situations épineuses; supprimer le problème consisterait alors à supprimer le motif de valorisation. La motivation à résoudre les problèmes peut être freinée par ce type de considération.

Le poids des habitudes

Dans le cas des changements de série très longs, de nombreux intervenants se succèdent, ce qui entraîne une forte perte de temps, car les nouvelles équipes remettent en cause et refont le travail réalisé par les équipes précédentes. Le temps passé pour le même changement peut varier du simple au double, en fonction des aléas constatés. Certains processus de fabrication exigent des temps d'attente longs, tels que montées en température ou en pression, descente en froid ou en vide, calibrations, vidages ou nettoyages. Il en est de même si la ligne est composée d'un nombre important de machines.

Voir les installations arrêtées aussi longtemps fait tellement «partie du décor» que la difficulté la plus importante est d'imaginer que l'amélioration est possible. Les intéressés peuvent rester dubitatifs quand est évoqué un système de fixation rapide : *«J'attends l'outillage une heure, je ne perds pas de temps si je passe une minute à visser un écrou.»* Les nouvelles solutions techniques seront accueillies avec méfiance.

Maintenant, examinons les conditions de réussite liées à l'animation des hommes.

Les conditions de réussite

Le pilotage du projet

Le changement rapide d'outillage agit sur deux aspects du processus de fabrication :

1. **l'aspect organisationnel**, avec l'optimisation des procédures de changement d'outillage;

2. **l'aspect technique**, avec les modifications des machines et des outillages.

Voyons au travers de cet exemple comment ces deux éléments peuvent interférer.

UNE DÉMARCHE AU POINT MORT

Cette entreprise a mené la démarche d'amélioration et réalisé les investissements nécessaires, mais n'a pas vu ses temps de changements évoluer car les dispositions et les procédures prévues n'étaient pas appliquées. Par manque de remise en cause de l'organisation, la programmation des changements n'avait pas évolué.

Un plan de prévention des échecs de la démarche

Il peut être nécessaire, avant le démarrage de SMED, d'évaluer, au niveau de la direction, les risques d'échecs de la démarche et d'élaborer un plan de traitement préventif afin d'éviter cette situation.

La réussite de la démarche SMED dépend de la qualité du pilotage et de la planification : choix d'objectifs pertinents, disponibilité des groupes de travail, mise en œuvre rapide des solutions, qualité de l'animation et du suivi, organisation du pilotage du progrès, implication effective et visible de la direction.

La formation des acteurs

L'obtention permanente des résultats de performance autorisés par la méthode SMED réside dans l'application systématique, à chaque changement de série, des procédures définies lors de l'action d'amélioration. La formation de l'ensemble des régleurs à ces procédures est donc fondamentale.

Si les opérateurs ne sont pas suffisamment entraînés à la nouvelle procédure, ils auront tendance à faire le réglage comme à leur habitude, «le naturel revenant au galop». Cela est particulièrement sensible si l'on est amené à changer l'ordre des opérations pour minimiser les temps de déplacement.

Dans les exemples suivants, apprendre la nouvelle procédure a nécessité quelques efforts, et s'affranchir de déplacements inutiles n'a pas été aisée :

- le réglage du format d'une table en sortie d'imprimeuse, où plusieurs réglages sont à opérer du côté droit, et autant du côté gauche;
- le réglage de plusieurs tours reliés par une manutention automatique de pièces, où à la contrainte de déplacement entre les machines, s'ajoute l'ordre de chargement et de déchargement des pièces effectués par le robot.

On peut utiliser la vidéo comme support de formation pour bien décrire les gestes à effectuer et assurer la formation de l'ensemble des opérateurs.

DE LA THÉORIE À LA PRATIQUE

En visitant une usine de fabrication de câbles électriques, je constate que le temps de changement de bobines est de 10 minutes. Il est décidé de réaliser une vidéo qui servira de support pour une étude SMED. Une fois la vidéo réalisée, il s'avère que sa durée n'excède pas une minute.

La mise en œuvre de la méthode a immédiatement permis de réduire encore ce temps de 30 %, mais la réflexion a rapidement porté sur ce thème :

Comment s'assurer qu'en permanence les bonnes pratiques sont mises en œuvre : formation, audit de modes opératoires... ?

L'entraînement des opérateurs à la dextérité

L'entraînement des opérateurs leur permet d'acquérir la dextérité nécessaire pour réaliser les opérations avec sûreté.

Il ne faut pas confondre l'habileté requise lors d'une opération non optimisée et l'habileté nécessaire pour effectuer avec rapidité, sûreté et de façon répétitive une opération optimisée.

Pour appréhender l'importance de la dextérité dans l'obtention de la vitesse et de la qualité dans une opération de réglages, reportons-nous à un exemple tiré de la vie courante.

LE MONTAGE DES CHAÎNES À NEIGE

Supposons qu'il faille monter des chaînes à neige dans des conditions difficiles (froid, intempéries, port de gants, mauvais éclairage).

Comparons les deux situations suivantes, en termes de vitesse de réalisation, de qualité de montage (et de risque d'énervement et de blessures) :

- Situation 1 : les chaînes sont nouvelles et n'ont jamais été sorties de leur emballage, le conducteur les découvre.
- Situation 2 : le conducteur s'est entraîné la semaine précédente, au chaud et au sec dans son garage.

Regagner la confiance

De manière générale, les opérateurs préfèrent que le travail se déroule sans aléas, et tout traitement réel de problèmes est le bienvenu.

De même, tout manque de logique dans l'organisation du travail est décelé et entache la crédibilité des consignes passées par l'encadrement. De surcroît faire appel à l'initiative de chacun aiguise l'esprit critique et exige la transparence.

Pour regagner cette confiance, la qualité d'écoute est primordiale. Il s'agit de donner l'occasion aux opérateurs de formuler les problèmes et les difficultés qu'ils rencontrent, et de solliciter leurs propositions d'amélioration. Ce dialogue a aussi la vertu de faire prendre à chacun conscience des impératifs liés aux contraintes économiques et au fonctionnement d'un système de production.

Dans tous les cas, les solutions passent par le traitement effectif des problèmes décelés, l'amélioration de la sécurité et de l'ergonomie par un pilotage sans faille et rapide des plans d'actions.

LE CRI DU CŒUR

Au cours d'une restitution de chantier SMED au directeur général, l'opérateur qui venait de réaliser un changement d'outillage rapide (le temps venait d'être divisé par trois) s'exclame : «*Je n'aurais jamais pensé que j'étais capable de faire cela !*»

Rendre autonome l'opérateur chargé du changement d'outillage

Nous avons déjà évoqué le cas où les monteurs attendaient un moyen de manutention spécifique ou le résultat d'une validation Qualité. Nous pouvons ajouter l'appel à un spécialiste. Pour éviter les temps d'attente, il est nécessaire que l'équipe chargée du changement d'outillage soit autonome. La meilleure solution est de réduire au maximum la complexité des opérations et le niveau d'expertise nécessaire pour les effectuer.

UNE CELLULE À RÉGLER

Sur une ligne d'extrusion de profilés en PVC, il est procédé à des changements de longueurs et de couleurs des profilés. Une cellule optique détecte le début du profilé et déclenche la coupe. En cas de changement de longueur, il suffit de déplacer la cellule et de la positionner sur un repère préétabli, mais en cas de changement de couleur de profilé, l'électromécanicien est obligé d'intervenir dans la tête de la cellule pour changer le type de détection (objet clair sur fond sombre ou objet sombre sur fond clair).

Il est évident que le niveau d'expertise alors requis n'est pas compatible avec l'exigence d'une opération à effectuer fréquemment et rapidement.

12

Les conditions de réussite liées à l'organisation

La préparation des outillages

Commençons par cette activité, souvent négligée car ne contribuant pas directement à la réduction du temps d'outillage. En effet, un nombre important d'opérations de réglages a été extrait du temps d'arrêt de la ligne. Du statut d'opérations à réaliser dans l'urgence, ces opérations passent au statut d'opération à programmer. Or, si la fonction préparation d'outillage est inexistante, sous-dimensionnée ou mal organisée, l'urgence se faisant moins pressante, ces opérations ne sont pas faites à temps et les gains de temps escomptés ne sont pas réalisés. Le changement attend alors la préparation des outillages. Un temps externe long peut également entraîner un temps d'attente de la machine, car dans le cas où le temps externe est plus long que la série la plus courte, la machine attend, là encore, l'outillage.

Le dimensionnement et l'organisation de la fonction préparation doivent donc être appropriés.

Dans certaines organisations, ce sont des opérateurs régleurs qui effectuent les opérations de préparation. Une étude est à mener pour déterminer l'organisation la plus économique, car la ligne est arrêtée pendant les préparations d'outillage, faute d'opérateurs.

Enfin, rationaliser les opérations externes permet de gagner en temps de préparation. Cette économie n'est pas à négliger, même si elle est seulement valorisée au taux main-d'œuvre, et non au taux atelier.

Dans l'exemple suivant, les outillages déposés n'étaient pas révisés correctement.

Du tri à faire au magasin d'outillage

Sur cette machine de frappe à froid, les réglages sont longs et difficiles. L'utilisation de la méthode des « 5 pourquoi » a permis de mettre en évidence une mauvaise gestion des stocks d'outillage : le contrôle et le tri systématique des pièces de réglage (rondelles, vis, entretoises...) ont permis de garantir leur conformité et de réduire de façon importante les pertes de temps.

Il est aussi possible de se trouver confronté à la situation suivante :

De fausses économies

Sur cette ligne de fabrication de tubes souples pour les cosmétiques, un temps important était passé à nettoyer les écrans de sérigraphie entre deux séries. Au cours des réglages, il était fréquent de devoir changer l'écran que l'on venait de poser, car la qualité de l'image était insuffisante.

À l'issue de l'étude SMED, il a été décidé de réformer systématiquement les écrans au-delà de 5 000 passages.

Figure 34. Un exemple de magasin d'outillage

La maintenance des outillages

Dans la phase de préparation des outillages, le contrôle et l'entretien de ces derniers sont des étapes incontournables et permettent de supprimer de nombreux aléas, aussi bien pendant le temps de changement d'outillage que pendant le temps de production.

La conception des moyens de fabrication

Il est préférable que les principes de changement rapide d'outillage soient pris en compte dès la conception des machines. Les temps d'intervention (et en particulier les temps de changement de configuration) sur les installations production en exploitation peuvent être portés au cahier des charges du moyen de production.

Actuellement, nous constatons une grande diversité dans les situations. La méthode SMED étant entrée dans les pratiques depuis quelques décennies, certaines machines sont construites suivant ces principes.

La non-flexibilité ou la non-robustesse des moyens de production ont des causes très diverses; on peut rencontrer, entre autres, les cas suivants :

- machines anciennes, non prévues pour être flexibles;
- machines catalogue, non adaptées à des productions spécifiques;
- machines prototypes, développées localement et non conçues pour la série;
- machines conçues à l'origine pour une seule référence (d'autres références se sont ajoutées par la suite);
- choix dictés par la réduction des investissements;
- erreurs d'investissement…

J'ai souvent constaté que les machines mettant en œuvre le cœur de métier de l'entreprise étaient bien étudiées. En revanche, tout le soin nécessaire n'est pas forcément apporté à la robustesse des autres machines. Nous pouvons citer les machines automatiques d'assemblage ou d'emballage installées en fin de ligne de fabrication (machines à visser les bouchons sur une ligne de fabrication de tubes souples, par exemple).

Ces machines s'avèrent dévoreuses de temps lors des changements d'outillage, alors que les machines effectuant ce qui est considéré comme la partie noble du métier se règlent sans difficulté.

UNE MODIFICATION NON INDUSTRIALISÉE

Une ligne de production de pièces pour transmission automobile a été conçue pour usiner une seule référence de pièce. Il n'est donc pas prévu de changement de série. Quand une deuxième référence est ajoutée sur la ligne, les modifications sont faites dans l'urgence. Le changement, devenu fréquent, des pinces de préhension des pièces et des capteurs de contrôle dimensionnel n'est pas optimisé : il est difficile, voire dangereux. Le programme de la machine ne comporte pas de session de réglage. L'opérateur doit travailler en hauteur, les fixations se font avec des vis et des clés très petites. Le plan d'action SMED comporte des modifications techniques pour améliorer ces montages et démontages, ainsi que la mise à disposition d'un marchepied pour les opérations de réglages.

UNE ERREUR D'APPRÉCIATION LORS D'UN INVESTISSEMENT

Dans l'industrie de l'emballage, la décoration des flacons se fait par sérigraphie.

Cette entreprise vient d'acquérir une machine avec manutention automatique qui génère des temps de réglage importants lors des changements de série. Les séries à fabriquer étant petites, il aurait été plus judicieux d'investir dans une machine manuelle, beaucoup plus facile à reconfigurer.

L'ordonnancement

Le personnel de la ligne de production doit être averti suffisamment à l'avance pour effectuer ses préparatifs de changement de série. En effet, si une commande urgente est lancée sans que les préparations aient été effectuées, la machine est arrêtée pendant ces préparatifs lancés en urgence.

La programmation simultanée de plusieurs changements de série crée une surcharge ponctuelle, aussi bien pour les équipes de préparation que pour celles de production. La conséquence en est, là encore, l'attente de la machine.

L'ordre de planification des changements de série est important. Sans retomber dans le travers de l'augmentation des stocks, il est possible de faire se succéder des séries qui nécessitent des changements de configuration réduits, en utilisant le principe des éléments communs et des éléments semblables de réglage.

Par exemple, sur une installation nécessitant des changements de couleur, les changements se feront avec des couleurs de plus en plus foncées. La durée des nettoyages ou des purges s'en trouvera raccourcie. Un nettoyage plus approfondi sera effectué quand il s'agira de revenir à la couleur claire.

Autre exemple : une machine fabrique des pièces avec des diamètres et des longueurs différents. Le changement de diamètre nécessite un changement de filière (changement long) et le changement de longueur est effectué par le simple déplacement d'un système de coupe (changement court). On s'attachera à grouper, dans la mesure du possible, les diamètres identiques de façon à limiter au maximum les changements longs.

La matrice de changement qui suit regroupe les différents temps de changement entre les différentes séries. Elle permet de choisir simplement la succession des opérations pour diminuer le temps des changements d'outillage.

Figure 35. La matrice de changement

de / à	A	B	C	D
A		M	M	P
B	M		G	G
C	P	G		M
D	P	P	P	

- P Petit changement
- M Moyen changement
- G Grand changement

Éviter à tout prix les erreurs de programmation

Pour clore ce chapitre, j'ose à peine évoquer le cas où la ligne a été montée pour réaliser une référence de produit, quand au moment de démarrer la production, il faut tout démonter pour lancer un autre type de fabrication.

13

Les méthodes et outils du progrès utilisés dans SMED

L'objectif de ce chapitre n'est pas de faire un exposé complet sur l'ensemble des méthodes, mais de présenter les éléments qu'elles apportent au bon déroulé d'un projet SMED.

La méthode de résolution de problèmes en groupe

La méthode de résolution de problèmes en groupe, largement répandue, permet à un groupe de travail d'apporter les solutions à un problème défini. Elle est constituée d'étapes suivant le cycle PDCA.

Figure 36. Le cycle de conduite d'une amélioration

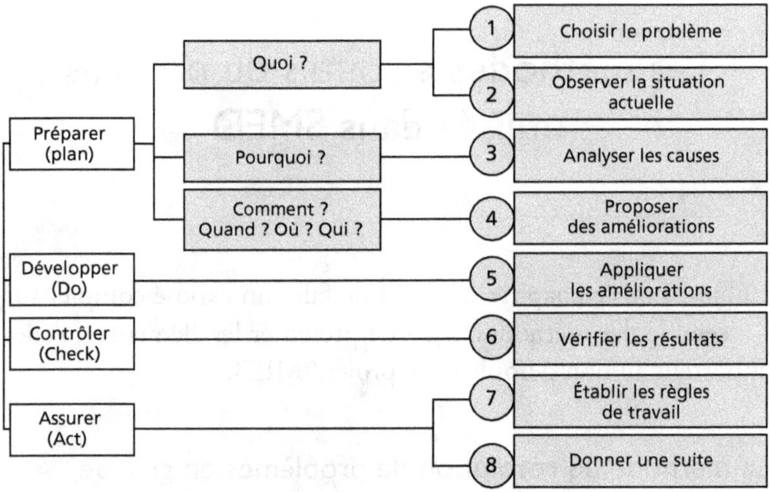

Les « 5 pourquoi »

Éradiquer un problème nécessite d'en traiter les causes. L'outil des « 5 pourquoi », que l'on retrouve dans l'étape 3 de la méthode précédente, est très efficace pour accéder à l'ensemble des causes racines. En moyenne, il faut se poser 5 fois la question pourquoi pour découvrir la cause d'origine. Pour un problème simple, une série de 3 pourquoi peut suffire, mais il n'est pas rare d'être obligé de recourir à une série de 7 pourquoi.

Figure 37. Un exemple de «5 pourquoi»

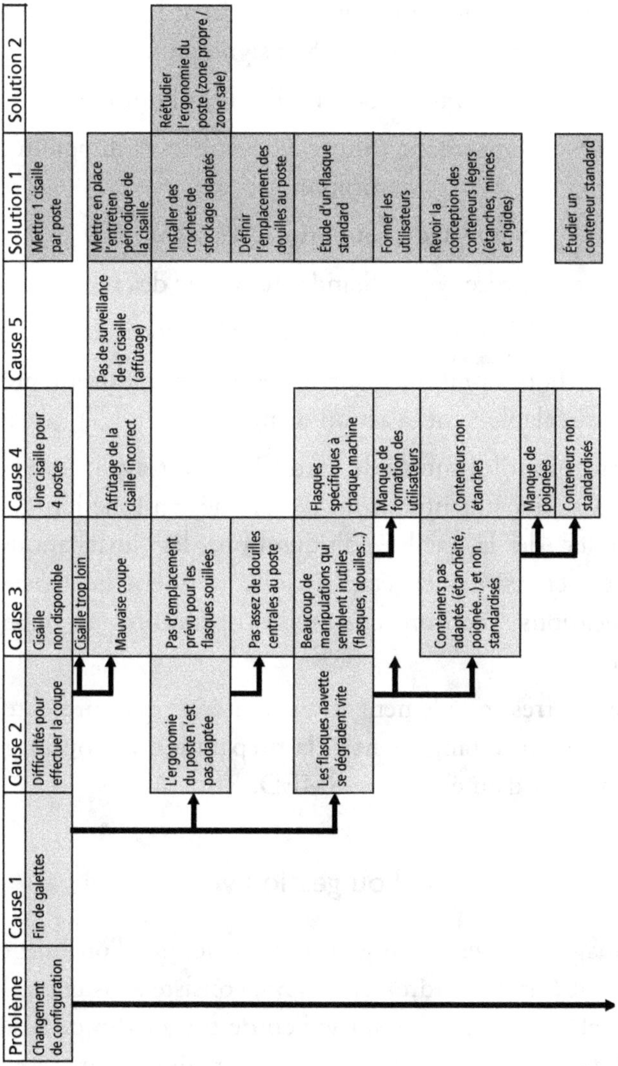
Problème
Cause 1
Cause 2
Cause 3
Cause 4
Cause 5
Solution 1
Solution 2
Changement de configuration
Fin de galettes
Difficultés pour effectuer la coupe
Cisaille non disponible
Une cisaille pour 4 postes
Mettre 1 cisaille par poste
Cisaille trop loin
Mauvaise coupe
Affûtage de la cisaille incorrect
Pas de surveillance de la cisaille (affûtage)
Mettre en place l'entretien périodique de la cisaille
L'ergonomie du poste n'est pas adaptée
Pas d'emplacement prévu pour les flasques souillées
Installer des crochets de stockage adaptés
Réétudier l'ergonomie du poste (zone propre / zone sale)
Pas assez de douilles centrales au poste
Définir l'emplacement des douilles au poste
Les flasques navette se dégradent vite
Beaucoup de manipulations qui semblent inutiles (flasques, douilles...)
Flasques spécifiques à chaque machine
Étude d'un flasque standard
Manque de formation des utilisateurs
Former les utilisateurs
Containers pas adaptés (étanchéité, poignée...) et non standardisés
Conteneurs non étanches
Revoir la conception des conteneurs légers (étanches, minces et rigides)
Manque de poignées
Conteneurs non standardisés
Étudier un conteneur standard

Les « 5 S »

Les 5 étapes de la méthode des « 5 S » tirent leur nom de 5 mots japonais commençant tous par S et signifiant :

- *Seiri* Débarras Séparer l'utile et l'inutile ;
- *Seiton* Rangement Situer les éléments en fonction de leur utilisation ;
- *Seiso* Nettoyage Supprimer les salissures ;
- *Seiketsu* Ordre Standardiser avec des règles ;
- *Shitsuke* Rigueur Systématiser le respect des règles.

Cette méthode, pratiquée sur le terrain, est souvent présentée comme préalable à toute action de progrès.

Les objets inutiles sont enlevés du lieu de travail, les emplacements des éléments utiles sont déterminés en fonction de la fréquence et de la facilité d'utilisation, les installations sont nettoyées et remises en état. Ensuite viennent les repérages et identifications, l'écriture des modes opératoires de maintien à niveau.

On saisit très rapidement tout l'intérêt que présente cette méthode pour le rangement et la préparation des outillages lors d'un chantier d'amélioration SMED.

Le management visuel ou gestion visuelle

Le management visuel ou gestion visuelle, que l'on intègre souvent à l'opération « ordre » des « 5 S », consiste à visualiser les différents éléments présents sur le lieu de travail afin de faciliter le travail dans les ateliers, et d'éviter de faire des erreurs.

Il prend notamment en compte :

- l'état général de la ligne ;
- le marquage au sol ;
- l'identification sur les équipements ;
- les panneaux de communication ;
- l'affichage des indicateurs et des plans d'actions.

Les propositions d'améliorations développées dans un chantier SMED font appel à des repérages sur les machines.

LES MARQUAGES AU SOL

Sur cette ligne de thermoformage de barquettes pour produits alimentaires, l'espace est compté et les outillages sont encombrants. Il faut amener au pied de la machine les nouveaux outillages pendant que la ligne tourne encore à cadence nominale. Les anciens outillages sont enlevés après le redémarrage de la ligne. Afin de maîtriser avec précision cette transition délicate, des marquages au sol ont été effectués pour localiser avec précision l'endroit où déposer les outillages. En phase de production, ces emplacements sont dédiés à un autre usage.

« LE FLOTTEUR »

Pour changer la configuration d'une machine à thermoformer, il faut la désolidariser du magasin de réception des pièces qui est monté sur des roulettes. Le réglage effectué, il suffit de rapprocher le magasin et de le fixer à nouveau à la machine. Cependant, il faut auparavant régler sa hauteur à l'aide d'une commande électrique. Le point d'accostage n'étant pas visible du pupitre de commande, l'opérateur est obligé de procéder par petites touches et de vérifier très fréquemment la position avant de trouver la hauteur convenable.

Le déplacement des commandes de la machine entraînant des modifications importantes, il a été trouvé cette solution, utilisant le principe de la jauge de profondeur : une tige reposant sur le sol a été glissée dans un fourreau solidaire du bâti du magasin. Il suffit alors d'observer, depuis le pupitre de commande, la coïncidence du repère placé sur la tige et celui placé sur la machine pour arrêter le déplacement à la hauteur prévue. Cette amélioration a été immédiatement appelée « le flotteur » par les opérateurs.

Les étiquettes d'anomalies

Dans la pratique de l'auto-maintenance, outre le nettoyage initial des installations, il est procédé à l'inspection de ces dernières, afin de déceler les anomalies avant qu'elles ne se transforment en problèmes. Une étiquette est placée sur l'anomalie détectée et sa réparation rapide est organisée.

En effet, de nombreux changements d'outillage sont pénalisés par le mauvais état des éléments de fixation (vis, raccords…) ou le manque de précision des organes de la machine, apparu à la suite d'une usure non traitée.

Figure 38. Les étiquettes d'anomalies

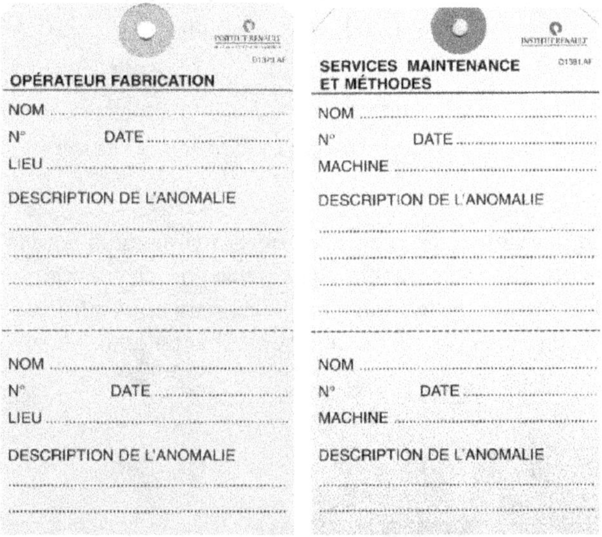
OPÉRATEUR FABRICATION
NOM
N° DATE
LIEU
DESCRIPTION DE L'ANOMALIE

NOM
N° DATE
LIEU
DESCRIPTION DE L'ANOMALIE

SERVICES MAINTENANCE ET MÉTHODES
NOM
N° DATE
MACHINE
DESCRIPTION DE L'ANOMALIE

NOM
N° DATE
MACHINE
DESCRIPTION DE L'ANOMALIE

Les poka-yoké

Poka-yoké signifie en japonais « éviter les erreurs d'inattention ». La méthode Poka-yoké, utilisée pour éviter les erreurs dans la fabrication des produits, consiste à traiter les causes des erreurs avant qu'elles ne se transforment en défauts sur le produit.

Les types de poka-yoké les plus connus sont les poka-yoké de contact, qui empêchent physiquement de mal monter une pièce. On voit immédiatement le parti que l'on peut tirer de ces dispositifs qui évitent un mauvais montage :

- éviter la casse de pièces lors de la mise en route ;
- éviter d'avoir à redémontrer un dispositif mal monté.

J'ai déjà cité l'exemple de raccords montés tête-bêche pour éviter l'inversion de tuyaux d'entrée et de sortie d'eau. L'exemple suivant a été pris sur une machine à emballer. Il concerne le montage d'une plaque de poussoir sur son bras et évite d'inverser plaque droite et plaque gauche. Ce système est aussi utilisé quand on veut éviter de monter un élément à l'envers.

Cependant, avant d'installer un détrompeur, il convient de s'assurer qu'une standardisation de fonction, en permettant un montage indifférent, ne nous affranchit pas de l'installation de ce dispositif supplémentaire.

Figure 39. Poka-yoké de montage d'une plaque

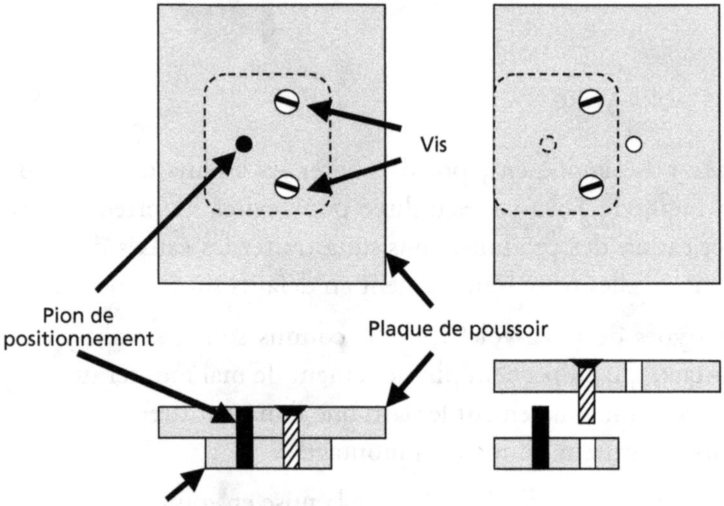

Le rouge/vert

Les activités sur un poste de fabrication sont classifiées suivant deux catégories :

- **Les actions classées «vert»** qui apportent la valeur ajoutée. Elles créent ou transforment le produit tel que l'attend le client : on retrouve les opérations d'usinage, de formage d'assemblage...
- **Les actions classées «rouge»** qui n'apportent pas de valeur ajoutée. Ce sont toutes les autres sans exception : déplacements, attentes, vérifications…

Les activités et les déplacements sont observés. Un plan d'actions d'amélioration est mis en place pour réduire les activités à non-valeur ajoutée.

Ce type de classification rouge/vert s'applique aussi aux activités développées pour réaliser une prestation de changement de série et s'avère très utile pour rationaliser les opérations internes et externes.

Figure 39. La notion de valeur ajoutée

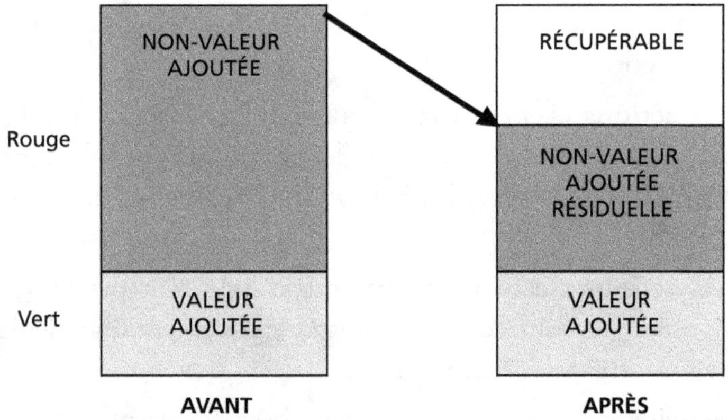

L'auto-maintenance

Les pannes de machine sont une cause importante de perte de temps lors des opérations de réglage. On ne compte plus le nombre de fois où le mauvais état des organes de la machine perturbe l'opération.

Nous pouvons citer :

- les vis détériorées;
- les portes coulissantes bloquées par les copeaux;
- les contacts électriques défaillants;
- les fuites en tous genres…

Une inspection régulière des machines par les opérateurs de production, ou auto-maintenance, est une première réponse pour corriger cet état de fait.

La maintenance préventive

Les lacunes de maintenance préventive ont deux conséquences sur l'allongement des temps de changement :

- tout d'abord, les pannes entachent les opérations de montage ou de réglage ;
- ensuite, il est tentant de profiter de l'arrêt pour changement d'outillage afin d'effectuer la maintenance que l'on n'a pas eu le temps de faire à un autre moment.

Ce dernier phénomène est accentué lorsque les deux activités sont assurées par les mêmes équipes.

Conclusion

Au cours d'une étude SMED, la mise en place de solutions simples permet de réaliser des gains importants en temps de changement d'outillage.

Les concepts de la méthode étant très simples, ils peuvent être mis en pratique dans toutes les situations et permettre de faire émerger les solutions adaptées à chaque cas.

Depuis que la méthode est utilisée dans l'industrie, elle a été intégrée progressivement à la conception des machines, afin que les nouvelles installations soient facilement convertibles et assurent la production de séries courtes.

Les situations rencontrées étant très variées, la méthode SMED est un moyen de progrès très efficace et générateur de gains rapides, dont on est loin d'avoir épuisé toutes les ressources!

Un dernier conseil toutefois à prodiguer aux animateurs de chantiers SMED : l'atteinte des objectifs sera pérenne si la mise en place des solutions techniques est accompagnée d'une organisation adaptée, en particulier pour la programmation de la production et la préparation des outillages.

Dans ce cadre, l'animation des hommes est un facteur primordial, tout d'abord dans l'organisation de la mise en œuvre des solutions retenues, puis dans la formation des équipes aux nouvelles pratiques de changements, et enfin dans le suivi des performances.

Conclusion

Annexes

Les principales techniques utilisées dans SMED

Identifier les opérations du changement d'outillage	
Recueil des informations	Vidéo Chronomètre Entretiens avec les opérateurs
Structuration de l'amélioration	Feuille d'observations Grille de changement rapide d'outillage
Extraire les opérations externes	
Préparation de l'outillage	Dimensionnement de la fonction préparation Zone d'entreposage des outillages Retour des outillages en magasin
Affectation de personnel aux tâches indépendantes du changement	Pannes urgentes sur les autres machines Tâches techniques sur les autres machines
Ordonnancement	Délai de prévenance pour les préparatifs Échelonnement des changements

.../...

Convertir les opérations internes en opérations externes	
Manutention	Deuxième moyen de manutention pour l'outillage
Sous-ensembles amovibles	Cuves et réceptacles amovibles Tables amovibles Systèmes à cassettes
Préréglages	Bancs de préréglage d'outils de coupe Préchauffage des moules
Dispositifs de chargement doubles	Dispositifs à doubles bobines
Arrêt partiel de d'installation	Accumulateur de produit
Examen des procédures de contrôle	Autocontrôle Démarrage à lots bloqués
Rationaliser les opérations internes (1)	
Programmation hors changement des opérations indépendantes	Maintenance préventive sur l'installation Traitement des anomalies de l'installation
Suppression des opérations palliatives	Traitement des dysfonctionnements de la machine
Standardisation de fonctions	Standardisation des outillages Utilisation de gabarits Standardisation de la hauteur des outillages Standardisation des posages
Fixations rapides	Boutonnière « Sauterelle » ou came Écrous à ailettes Posages à encliquetage Fixations sans vis
Fiabilisation des fixations	Standardisation de la visserie Fixation à vis optimisée Maintenance des éléments de fixation

.../...

Rationaliser les opérations internes (2)	
Configurations multiples (Plus Petit Commun Multiple – PPCM)	Barillet Magasin d'outils automatisé Changement de configuration automatisé Préchargement de programme Changement automatique de référence
Simplification des réglages	Détermination des valeurs de réglage Standardisation des valeurs de réglage Critères de réglages
Suppression des réglages fins, ajustements et essais	Robustesse, fiabilité des réglages Facilité des réglages Réglage des vitesses d'approche Blocages en rotation, en position des éléments à monter
Adaptation de l'outillage à main	Standardisation de l'outillage Maîtrise des couples de serrage Clés pneumatiques
Management visuel ou gestion visuelle	Repérages visuels de position Graduations Détrompeurs Identification des organes et des outils Marquages au sol pour les emplacements de l'outillage
Suppression des déplacements inutiles de l'opérateur	Rapprochement des commandes de machines Ordre des opérations
Ergonomie	Accessibilité aux organes de la machine Allégement des outils Installation de poignées
Manutention	État des sols, des rails, des éléments de roulage Tables élévatrices Chariots spécifiques Systèmes de levage ou d'approche des outillages, des pièces lourdes Position des points de levage

.../...

Rationaliser les opérations internes (3)	
Procédures qualité	Disponibilité des moyens de contrôle Rapprochement du matériel de contrôle
Maintenance préventive	Bon état des pièces à démonter et à remonter
Mise en parallèle des tâches	Nombre adéquat d'opérateurs Modification du programme de la machine
Éléments semblables et éléments communs de réglage	Matrice de changement d'outillage Changements longs, changements courts Ordre des changements de couleurs du plus clair au plus foncé
Réduction du niveau d'expertise requis	Organes préréglés
Cas des fluides	Collecteurs Raccords ou fiches rapides Débit calibré Rapprochement des vannes d'isolement
Rationaliser les opérations externes	
Préparation des outillages	Poste de travail de préparateur d'outillage Chariots de préparation, de changement d'outils Moyens de manutention
Maintenance des outillages	Nettoyage de l'outillage Procédure de remise en état Essais de bon fonctionnement Procédure de réforme

Vu à la maison ou dans la rue

Sans tout voir à travers le prisme du SMED, nous pouvons citer ces exemples issus de la vie courante.

Convertir des opérations internes en opérations externes		
Technique employée	**Exemple**	**Amélioration obtenue**
Création de sous-ensembles détachables	Cassette audio ou vidéo	Temps de chargement de la bande Facilité de chargement
	Chargement d'une benne amovible sur un camion avec bras articulé, chargement d'un conteneur	Le véhicule n'est pas immobilisé pendant le temps de remplissage de la benne ou du conteneur
	Remplissage d'un appareil de chauffage mobile à combustible liquide avec un réservoir amovible (un détrompeur évitera en outre de remonter le réservoir à l'envers)	Ne pas transvaser de produits pétroliers dans l'appartement
	Cartouche d'encre de remplissage d'un stylo	Réduction du temps de remplissage, facilité de manipulation, propreté
Création d'un stockage d'information	Rédaction hors ligne d'un message électronique	Réduction du temps de connexion Mise à profit du temps de non-connexion

.../...

Rationaliser les opérations internes		
Technique employée	**Exemple**	**Amélioration obtenue**
Standardisation de fonctions	Prises électriques et prises téléphoniques standardisées	Branchement de tous les appareils sans adaptateur
	Lecture de plusieurs types de CD sur un lecteur de salon : CD audio, vidéo ou de données	Utilisation d'un seul appareil
	Tournevis à embouts, clés à douilles	Utilisation d'un seul manche pour plusieurs dimensions
Configuration multiple, Technique du Plus Petit Commun Multiple	La saisie des prix d'un article à la caisse d'un supermarché avec un code barres	Temps de passage en caisse
	Touches de présélection des stations de radio sur un autoradio	Temps de recherche d'une station
	Bouton de changement de vitesses ou de mode (percussion ou non) sur une perceuse	Temps de changement de vitesse ou de mode
	Pommeau de douche multijet	Ajout de fonctions
Configuration multiple avec changement automatique de configuration	Téléviseur avec sélection automatique du standard ou du format de l'image	Pas de commutation à effectuer manuellement
Fixations rapides	Fermeture d'une cocotte-minute par simple rotation du couvercle et encliquetage	Temps de fermeture de la cocotte Facilité de fermeture

.../...

	Montage de meubles à assembler soi-même avec trois quarts de tour	Temps d'assemblage Facilité de démontage et de remontage
	Raccord rapide sur un tuyau d'arrosage	Temps de branchement du tuyau Facilité d'utilisation Montage sans outil
	Branchement de fils de haut-parleurs par pincement	Temps de branchement Simplification du montage
Utilisation de gabarits	Gabarits de perçage pour installer un convecteur ou un écran plat au mur	Temps de prise des mesures Suppression des risques d'erreur
	Lecture sur un magnétoscope de salon de deux types de cassettes, à l'aide d'un adaptateur	Suppression du branchement provisoire du caméscope

Questionnaire à choix multiples sur SMED

Question 1. Le temps de changement d'outillage est le temps écoulé entre :

a. le début du démontage et la fin du remontage de l'outillage

b. la dernière bonne pièce d'une série et la première bonne pièce de la série suivante à cadence nominale

c. l'arrêt de la machine et son redémarrage

Question 2. La rationalisation des opérations externes :

a. est inutile car ces opérations se déroulent alors que la machine produit

b. est importante car, dans certains cas, il y a risque d'attendre les outillages à monter pour la nouvelle série

c. permet, lors de la préparation des outillages, d'étudier les problèmes de sécurité et de conformité des outillages à monter

Question 3. Une activité de réglage est effectuée en parallèle pendant le changement d'outillage :

a. cette opération est externe car elle se fait en « temps masqué »

b. cette opération est interne

c. sur les deux opérations effectuées en parallèle, c'est la plus longue qui est considérée comme interne

Question 4. La méthode SMED apporte :

a. uniquement la réduction des temps de changement d'outillage en faisant des compromis sur la sécurité et la qualité

b. la réduction des temps de changement d'outillage avec amélioration de la sécurité du personnel et de la qualité des produits

c. uniquement la modification des modes opératoires de façon à améliorer la sécurité lors des manutentions

Question 5. La méthode SMED permet d(e) :

a. mieux gérer une quantité importante de stocks et en-cours

b. réduire les stocks et en-cours

c. augmenter le rendement opérationnel des machines

Question 6. Dans la méthode SMED, il y a :

a. deux types d'opérations : internes, externes

b. trois types d'opérations : internes, externes, convertibles

c. quatre types d'opérations : internes, externes, convertibles et parallélisées

Question 7. Le plus fréquemment, les gains les plus importants sont réalisés :

a. avec des modifications techniques uniquement

b. avec une large contribution de l'amélioration de l'organisation du changement d'outillage

c. uniquement avec des changements d'organisation

Question 8. La conversion des opérations internes en opérations externes a pour objectif :

a. la réduction du temps d'exécution de ces opérations

b. la transformation d'opérations nécessitant l'arrêt de la machine en opérations réalisables pendant que la machine fonctionne

c. l'exécution de ces opérations pendant le temps de réalisation d'autres opérations de réglage

Question 9. Pour déterminer si une opération est interne ou externe :

a. je détermine si dans la configuration actuelle l'opération est réalisable pendant que la machine fonctionne

b. je relève si l'opération est effectuée ou non pendant l'arrêt de la machine

c. je relève le lieu où est réalisée l'opération

Question 10. Pour mener une amélioration SMED, la première chose à faire est d(e) :

a. étudier un nouvel outillage plus performant

b. aller chronométrer dans l'atelier le temps réel du changement d'outillage pour avoir des données exactes

c. rencontrer les acteurs concernés pour connaître la nature exacte des problèmes et définir ensemble un plan d'actions

d. aller essayer soi-même une nouvelle procédure ultrarapide

Question 11. Pour relever les faits en cours de changement d'outillage :

a. j'enregistre en vidéo uniquement les phases de montage et de démontage car c'est la partie de la machine la plus importante : c'est l'endroit où sont générées la qualité et la valeur ajoutée

b. j'enregistre en vidéo l'ensemble des opérations pour connaître la totalité des problèmes

c. une observation oculaire et un chronométrage sont largement suffisants dans tous les cas

Question 12. Dans cette étude, la standardisation des outillages a permis de supprimer l'opération de réglage de la hauteur sur la machine :

a. cette opération a été convertie en opération externe, car elle a été retirée des opérations internes

b. cette amélioration a contribué à rationaliser les opérations internes

c. ni l'un, ni l'autre

Question 13. La mise en place d'un barillet comportant plusieurs butées préréglées permet d(e) :

a. assurer une fixation rapide de la butée

b. convertir le réglage de la butée en opération externe

c. réduire le temps de réglage de la butée

Question 14. La méthode SMED simplifie et standardise des éléments de bridage et fixation :

a. vrai

b. faux

Question 15. Le temps d'attente des matières premières au cours d'un changement d'outillage est :

a. interne, car une machine ne peut pas fabriquer sans matières premières

b. externe, car l'approvisionnement des nouvelles matières premières peut se faire durant le temps de fonctionnement de la machine

c. indépendant du changement d'outillage

Solutions du QCM

Question 1. Réponse b.

C'est la définition du temps de changement d'outillage. Rappelons que les problèmes constatés entre le redémarrage de la machine et l'obtention de la première bonne pièce (à cadence nominale) sont à traiter.

Question 2. Réponses b et c.

L'étude des opérations externes va permettre de supprimer les lacunes de préparation de toutes sortes. Il est peu probable de réaliser de manière pérenne des changements d'outillage performants si la préparation a été négligée.

Question 3. Réponse b.

Les deux opérations considérées sont internes. L'expression «travail en temps masqué», issue de la méthode «mesure des temps», n'est pas assez précise dans le cas présent : en effet, le temps d'exécution d'une opération externe peut être masqué par le temps de fonctionnement de la machine, alors que le temps d'un réglage peut être masqué par une autre opération interne, plus longue, effectuée en même temps.

Question 4. Réponse b.

Le temps de changement d'outillage est bien sûr l'indicateur qui va guider les actions d'amélioration, mais en cours d'étude vont être mis en évidence des problèmes de sécurité et de qualité dont la résolution sera incluse dans le projet SMED.

Question 5. Réponses b et c.

En réduisant le temps de changement d'outillage, on peut faire des séries plus courtes sans augmenter l'impact de l'arrêt de la machine sur le coût des produits et réduire également le temps d'arrêt des machines. Les deux motivations à mettre en œuvre SMED coexistent.

Question 6. Réponse a.

Les opérations convertibles sont internes avant conversion et externes après. Pour réduire le temps des opérations internes, on cherche à les effectuer de façon simultanée. Les opérations restent internes et ne changent pas de nature. On peut aussi imaginer, pour réduire le temps des opérations externes, de les effectuer, également, en parallèle. Elles resteront, bien sûr, externes.

Question 7. Réponse b.

Très souvent, on constate une réduction du temps de changement d'outillage de 50 à 70 % sans modification technique majeure.

Question 8. Réponse b.

C'est la définition même de la phase de conversion. La réduction du temps d'exécution des opérations externes sera réalisée lors de la phase de rationalisation des opérations externes.

Question 9. Réponse a.

La nature de l'opération est intrinsèque : il faut déterminer si, dans la configuration technique actuelle, il est possible d'effectuer l'opération pendant le fonctionnement de la machine. Au cours d'un changement d'outillage, il est possible de trouver des opérations externes pendant le temps d'arrêt de la machine. C'est justement l'objectif du SMED de les extraire. Toutefois, on ne trouve pas d'opérations internes pendant la marche normale de la machine! Quant à la notion de lieu de réalisation de l'opération, elle n'est pas déterminante, hormis dans le cas où elle est exécutée dans le cœur de la machine.

Question 10. Réponse c.

Les dysfonctionnements étant de toutes natures, la meilleure solution est de construire un projet SMED avec l'ensemble des acteurs. S'orienter immédiatement vers un investissement peut conduire à une dépense inutile, car on n'est pas sûr de traiter la cause majeure des problèmes et l'on se prive des autres solutions. Aller chronométrer ses collègues lors d'un changement sans prévenir créera un phénomène de rejet qui peut s'avérer, par la suite, difficile à estomper. De même, faire des essais sans s'entourer des précautions nécessaires peut s'avérer dangereux. SMED est une démarche participative laissant une large part à l'initiative de chacun, mais toute action sur le terrain doit se dérouler en coordination avec les personnes habilitées. Enfin, il faut valider toute solution technique, pour s'assurer de sa robustesse.

Question 11. Réponse b.

Il faut bien prendre soin d'enregistrer l'ensemble des dysfonctionnements afin de pouvoir apporter une solution à chacun.

Question 12. Réponse b.

L'opération a été supprimée. Elle ne peut donc pas se retrouver dans les opérations externes. Le temps des opérations externes a été réduit du temps nécessaire à effectuer cette opération.

Question 13. Réponse c.

Les butées étant déjà montées et l'opération de fixation supprimée, on ne parlera donc pas de fixation rapide. Il n'y a pas non plus de réglage pendant le fonctionnement de la machine. Le temps de réglage est réduit, pendant l'arrêt de la machine, à la simple rotation du barillet. Il peut s'avérer nécessaire d'adjoindre un serrage rapide à l'ensemble, mais sa fonction n'est pas à confondre avec celle du barillet.

Question 14. Réponse a.

Cette activité se retrouve dans la rationalisation des opérations internes lorsque sont améliorées les fixations.

Question 15. Réponse b.

S'assurer de la disponibilité des matières premières, de leur acheminement au plus près de la machine de façon à minimiser son temps d'alimentation fait bien sûr partie de la préparation du changement de série.

Lexique

Juste À Temps (JAT)

Principe qui consiste à produire ce dont on a besoin quand on en a besoin.

Management visuel (ou gestion visuelle)

Souvent intégré à l'opération « ordre » des « 5 S », consiste à visualiser les différents éléments présents sur le lieu de travail afin de faciliter le travail dans les ateliers, et d'éviter de faire des erreurs.

Méthode des « 5 pourquoi »

Consiste à se poser 5 fois la question « pourquoi » pour déterminer les causes racines des dysfonctionnements et les traiter.

Méthode des « 5 S »

Tire son nom de 5 mots japonais commençant tous par S : *Seiri* (débarras), pour séparer l'utile et l'inutile; *Seiton* (rangement), pour situer les éléments en fonction de leur utilisation; *Seiso* (nettoyage), pour supprimer les salissures; *Seiketsu* (ordre), pour standardiser avec des règles; *Shitsuke* (rigueur), pour systématiser le respect des règles.

Méthode Poka-yoké

Utilisée pour éviter les erreurs dans la fabrication des produits, consiste à traiter les causes des erreurs avant qu'elles ne se transforment en défauts sur le produit.

Mise en parallèle des tâches ou des opérations

Se dit d'une situation où plusieurs opérateurs travaillent simultanément, ce qui entraîne une diminution du temps de changement d'outillage.

Opérations externes

Opérations pouvant être effectuées pendant que la machine fonctionne (à cadence nominale et dans des conditions normales de sécurité et de qualité).

Opérations internes

Opérations qui nécessitent l'arrêt de la machine.

Plus Petit Commun Multiple (PPCM)

Technique qui consiste à prévoir sur une machine autant de dispositifs que le Plus Petit Commun Multiple des différentes configurations à couvrir.

Technique « rouge/vert »

Consiste à classifier les activités sur un poste de fabrication suivant deux catégories : les actions classées « vert » qui apportent la valeur ajoutée, créant ou transformant le produit tel que l'attend le client; les actions classées « rouge » qui n'apportent pas de valeur ajoutée.

Temps de changement d'outillage

Temps écoulé entre la dernière bonne pièce d'une série et la première bonne pièce de la série suivante… à cadence nominale.

Index des sigles

JAT : Juste À Temps

NOTED : No Touch Exchange of Die

OTED : One Touch Exchange of Die

PDCA : Préparer, Développer, Contrôler, Assurer *(Plan, Do, Check, Act)*

PPCM : Plus Petit Commun Multiple

QCM : Questionnaire à Choix Multiple

QQOQCP : Quoi ? Qui ? Où ? Quand ? Comment ? Pourquoi ?

SMED : Single Minute Exchange of Die

3D : Difficile, Défectueux, Dangereux

5S : Seiri, Seiton, Seiso, Seiketsu, Shitsuke

Index

D

E

M

N

O

P

Q

R

S

T

www.ingramcontent.com/pod-product-compliance
Lightning Source LLC
Chambersburg PA
CBHW052108230326
41599CB00054B/4969